Eleonore Beck

Gottes Traum:
Eine menschliche Welt

Hosea – Amos – Micha

Verlag Katholisches Bibelwerk GmbH, Stuttgart

Stuttgarter Kleiner Kommentar
– Altes Testament 14 –

Herausgegeben von
Gabriele Miller und Franz Josef Stendebach

Die Deutsche Bibliothek – CIP-Einheitsaufnahme

Stuttgarter Kleiner Kommentar. –
Stuttgart: Verl. Kath. Bibelwerk.
Altes Testament / hrsg. von Gabriele Miller und Franz Josef Stendebach.
NE: Miller, Gabriele [Hrsg.]

14. Beck, Eleonore: Gottes Traum: Eine menschliche Welt – 3. Aufl. – 1994

Beck, Eleonore:
Gottes Traum: eine menschliche Welt: Hosea – Amos – Micha / Eleonore Beck.
[Hrsg. von Gabriele Miller und Franz Josef Stendebach]. – 3. Aufl. –
Stuttgart: Verl. Kath. Bibelwerk, 1994
   (Stuttgarter Kleiner Kommentar: Altes Testament; 14)
   ISBN 3-460-05141-8

Inhaltsverzeichnis

4

AMOS — FÜR DAS RECHT DES MENSCHEN

MICHA — FÜR EINE KÜNFTIGE WELT

HOSEA

GOTT NICHT OHNE DEN MENSCHEN

HOSEA — JAHWE HAT GERETTET

Hosea ist der einzige uns bekannte Prophet, der aus dem Nordreich stammte und, wie sich aus Ortsnamen erschließen läßt, auch dort aufgetreten ist. Er begann sein Wirken kurz nach Amos und verstummte kurz vor der Eroberung Samarias (722 v. Chr.). Er gehört in eine Zeit der Auflösung und Wirren, in der man nicht Prophet sein mußte, um sich zumindest die politische Katastrophe ausrechnen zu können.

Er selbst bleibt im Dunkel. Außer dem Namen seines Vaters Beeri erfahren wir nichts von seiner Herkunft, nichts von seiner Berufung, nichts von dem, was er vorher war. Vierzehn schmale Kapitel, ein kleines Buch in der Bibel, sind alles, was uns aus dreißig Prophetenjahren erhalten ist.

Hosea spricht keine leichtverständliche Sprache. Ein heutiger Leser kann sich nicht unmittelbar in das Gespräch einschalten, das der Prophet als Sachwalter Gottes mit seinen Zeitgenossen führt; denn jene Zeitgenossen und ihre Reaktionen sind uns nicht direkt greifbar. Kaum je läßt sich im Text eine Anspielung erkennen, durch die man den Hintergrund der Szenerie erhellen könnte, kaum je ein Datum festlegen, eine ursprüngliche Siuation erkennen, in die hinein das Wort gesprochen wurde.

Damit sind noch nicht alle Hindernisse genannt, die sich unserem Verständnis des Prophetenworts entgegenstellen. Dazu kommt, daß das »Buch« Hosea eine fast zweihundertjährige Geschichte hinter sich hatte, ehe es unter die sogenannten »kleinen« Prophetenbücher unserer Bibel eingereiht wurde.

EIN BUCH MIT VERGANGENHEIT

Man ginge fehl, wollte man annehmen, dies Buch sei von dem Propheten, dessen Namen es trägt, geschrieben worden. Hosea wirkte wie Amos im Nordreich; er sprach, er schrieb nicht. Seine Worte hätten den Untergang Samarias nicht überdauert, wären sie nicht über die Grenze gedrungen und im Südreich Juda als Wort von Jahwe bewahrt worden. Dort ging die Geschichte weiter, dort stand der Tempel, dort gab es Kreise, die alles Prophetenwort sammelten und im Gottesdienst verkündeten und auslegten. Erst etwa um die Mitte des 6. Jahrhunderts, nach der Zerstörung des Tempels, nach der Rückkehr aus Babylon wurde die Sammlung der Prophetenworte niedergeschrieben; seither gibt es das »Buch« des Propheten Hosea.

Wir Heutigen können nichts darüber sagen, was von den überlieferten Hosea-Worten für unwert erachtet und ausgeschieden wurde. Wir wissen nicht, wieviel ursprünglich erzählerischer Hintergrund im Lauf des Weitersagens und vor allem der liturgischen Verkündigung wegfiel. An manchen Stellen mag man eine Einfügung erkennen, in der ein judäischer Theologe oder Priester eine Antwort zu geben versuchte auf eine Frage seiner Zeit, doch was an Schülerworten etwa dem Namen des Lehrers unterschoben wurde, was von späteren Auslegern deutlicher akzentuiert oder umgedeutet wurde, darüber kann man nur Vermutungen anstellen.

Wir wissen nicht, in welcher Reihenfolge Hosea seine Worte gesprochen hat; ja, wir wissen nicht einmal, welchen Plan der letzte der etwa 13 Redaktoren, deren Spuren man im Text zu erkennen meint, hatte, als er die Wortgruppen in der uns überlieferten Reihenfolge aneinanderfügte. Es ist kaum möglich, im Text einen die Abschnitte übergreifenden Aufbau zu entdecken. Hosea ist kein Buch, das man von vorn bis hinten an einem Stück lesen könnte; man muß jedes Einzelwort nach seiner Aussage befragen.

Durch Hosea dringt die Stimme eines Mannes aus dem 8. Jahrhundert vor Christus zu uns. Hat er uns etwas zu sagen? Kann er uns überhaupt etwas zu sagen haben? Das ist wohl nicht die erste Frage, die man diesem Buch stellen sollte. Vielleicht sollte man auch nicht von vornherein so tun, als habe der Prophet in jedem Fall auch uns angesprochen. Vielleicht genügt die Neugier als angemessenere Haltung, das Hinhorchen auf das, was er den Damaligen sagen wollte — dann mag es sein, daß der völlig unberechenbare Funke zündet und über Jahrtausende hinweg ein Heutiger betroffen wird.

Baal gibt Segen und Fruchtbarkeit

»Baal ist unser König und Herrscher, keiner ist größer als er« — so lesen wir in einem Hymnus aus dem 14. Jahrhundert vor Christus. Baal (Herr) ist der Name des Gottes, dem das Land Kanaan dient und gehört. Wer Hosea verstehen will, muß Baal, gegen den er wie vor ihm Elija kämpft, kennnenlernen.

Baals Priester tragen Stiermasken im Kult; er selber wird gelegentlich mit den Hörnern des Stiers, Symbol der Fruchtbarkeit, dargestellt. Seine Rechte schwingt die Keule, seine Linke schleudert den Blitz. Als Wettergott garantiert er das Reifen der Frucht; wenn im Bereich eines seiner Heiligtümer ein Mädchen zur Frau wird, ist er Zeuge und schenkt Fruchtbarkeit. Im Land dieses Gottes lebt Israel, das seinen Gott aus der Wüste kennt und weiß, daß er am Sinai »wohnt«. Jahwe ist kein Gott der Bauernkultur, der Städte, er ist Gott des Anfangs, Gott der Wege und Kriege, ihm verdankt das Volk die Rettung aus Ägypten. Von ihm gibt es kein Bild. Steinmale erinnern an ihn und die Worte seines Gebots an die Ausschließlichkeit seiner Forderung. Die Zusage seines Namens »Ich-bin-da-für-euch« ist die einzige Garantie, die er gibt. Er verlangt, daß Israel ihm treu bleibe im Lande des Baal.

In Kanaan weiß man, an wen man sich mit den Problemen der Weizen- und Traubenernte wenden kann; man weiß, wer die Zisternen füllt oder Trockenheit verhängt; man weiß, wo die heiratsfähige Frau sich Kindersegen erbitten kann. Kann Jahwe von seinem Volk verlangen, daß es, ohne untreu zu werden, inmitten eines anderen Volkes lebt, das seinen Göttern auf bewährte Weise in sinnenfreudigem Kult dient? Ist es nicht zuviel verlangt, sich dem den Kanaanäern Bewährten zu verschließen, sich abzusondern, das abzulehnen, was doch offensichtlich die Fleischtöpfe Kanaans füllt — einzig auf das Wort des Wüstengottes hin? Die Situation erscheint ausweglos, denn genau das verlangt Jahwe im ersten, die anderen tragenden Gebot: Ich bin euer Gott — keiner sonst.

Man sollte sich den Anspruch und die konkrete Härte dieses Gebots verdeutlichen, ehe man die Kompromißversuche Israels verurteilt. Wieviel unseres Christentums würde in einer völlig anders geprägten religiösen Umwelt standhalten, wenn wir wirtschaftlich und sozial uns dieser anderen Umwelt anpassen und einfügen müßten? In Israel suchte und praktizierte man Kompromisse.

Wir hören, daß nach der Trennung der Stammestümer in Nord und Süd (922 v. Chr.), als das Heiligtum in Jerusalem zum Südreich Juda kam, Jerobeam in Bet-El und Dan goldene Stierbilder aufstellen ließ — Bilder Jahwes: »Das ist dein Gott, der dich aus Ägypten geführt hat« (1 Kön 10,28). Damit legte er den Grundstock zur »Sünde Jerobeams«, die in der Geschichte Israels schwärte bis zu seinem Untergang (722 v. Chr.). Man hörte in Israel nie auf, Jahwe als Gott der Geschichte zu preisen, seine Taten zu rühmen, und doch wurde er langsam dem Baal gleich, ein Zerrbild seiner selbst.

Hosea kennt die treibenden Kräfte, die lockenden Motive des Baalkultes, in dem Himmel und Erde, Gott und Göttin, Trockenheit und Regen, Mann und Frau in ihrer Zusammengehörigkeit den Kult feiern und in der Begegnung von Mann und Frau Göttliches nachbilden und zum Fest werden lassen. Hosea weiß, worin der Zauber des Baalkultes liegt, er weiß um die leidenschaftliche Verfallenheit des Männlichen an das Weibliche. Er fängt an, mit den Elementen dieser Erfahrung Jahwe als den großen Liebenden zu künden — so werden Urmotive des Baalkultes im Jahwekult überhöht und verwirklicht. Hosea redet nicht aus berechnender Religionspolitik oder aus gründlicher theologischer Überlegung; er erfährt Jahwe wie einer, der Baal kennt.

JAHWE — GOTT DER MENSCHEN

Hosea erfährt Jahwe neu, und er wagt es, von ihm zu reden wie keiner vor ihm, von dem wir wissen. Man ordnet Hosea manchmal als »den Propheten der Liebe« ein. Diese Bezeichnung mag dem nützen, der bereit ist, sein religiöses Vorverständnis von »Liebe« zurückzustellen um sich neu sagen zu lassen, was es mit diesem »Gott der Liebe« auf sich hat. Er ist ein der Liebe Verfallener, einer, der um seine verratene Liebe leidet, nicht ein vom Himmel her aus emotionsgeklärter Distanz liebender Vater, nein, er macht sich zum Narren der Liebe; eifersüchtig, beinahe neidisch setzt er alle Mittel ein, die Geliebte zurückzugewinnen. Gott ist der dem Menschen Verfallene, der Werbende, der um das geliebte Volk und damit um die eigene Existenz kämpft.

Diese Liebe trägt einen eigenartigen Zug: Hosea sagt sie von Gott aus — Gott fordert sie nicht vom Menschen. Jahwe fordert vom Menschen, daß er ihn suche, zu ihm umkehre, ihn erkenne; und das heißt, daß er ihm anhänge, wie Mann und Frau aneinanderhängen. »Gott erkennen« bezeichnet im Buch Hosea die tiefste Verbindung des Menschen mit Gott.

Wer auf Hosea hört, dem zerbricht das übliche Schema vom Gott des Gesetzes, den man dem von Jesus verkündeten Gott der Liebe entgegensetzen könnte. Jesus redet von Gott im Bild des Vaters, der einem verlorenen Sohn entgegenrennt; vom Hirten, der dem verlorenen Schaf nachgeht. Denselben Gott meint Hosea, der das untreue Volk selber in die Wüste, ins Verlorene setzt, damit er es dort für sich habe, um besser um die Gunst dieses Volkes werben zu können. Ein Gott, der sein Herz verloren hat, der nicht sein kann ohne die Menschen, die er sich erwählte.

Jahwe — Gott in der Geschichte

Im zweiten Teil des Buchs Hosea (Kap. 4-14) häufen sich die Gottesreden. Selten nur trennt eine einleitende Formel die Gottessprüche voneinander. Der Leser des Hoseabuches kann es nicht umgehen — Gott selber spricht ihn an; direktes, unausweichliches »Ich«. Man kann den Mann Hosea, den Sohn des Beeri über lange Stücke vergessen; er verschwindet im Hintergrund. Doch schwerlich wird man sich an dem Gott, der sich hier Wort verschafft, vorbeidrücken können.

Gott sagt im Buch des Propheten Hosea keine wohlabgewogenen Formeln, keine ewig gültigen Lehrsätze, keine zeitlosen Wahrheiten. Er hat sich engagiert, Partei ergriffen, sagt sein Wort in die konkrete damalige Situation hinein, ereifert sich, wütet, nimmt zurück, erwägt bei sich selbst, gibt Liebeserklärungen, pocht auf die Vergangenheit und quält sich wie ein Enttäuschter mit der Erinnerung an den verheißungsvollen Anfang; er zeigt seinen Schmerz und verbirgt ihn nicht hinter der Maske göttlicher Gleichmuts. Diese Reden machen uns zu Zeugen; sie geben uns Einblicke, wie Gott in einer bestimmten, historisch fixierbaren Zeit (750-723) über ein bestimmtes Volk, Israel-Efraim mit der Hauptstadt Samaria, denkt, wie er Stellung bezieht, wie er hin und her überlegt, wie er die Möglichkeit der Vernichtung gegen die Möglichkeit der Liebe trotz allem abwiegt. Ein menschlicher, all-zumenschlicher Gott, könnte man sagen und sich damit die Auseinandersetzung ersparen. Man könnte sich aber auch dem stellen, was uns aus dem Buch Hosea anfordert: Gott ist so, widersprüchlich, schwankend, voller Spannungen, am Menschen und seinem Geschick nicht nur als überlegener Zuschauer interessiert, sondern hineinverwickelt in die Geschichte. Er hat nicht nur Verpflichtungen gegeben, er hat sich selbst gebunden. Er beobachtet nicht aus himmelferner Seligkeit, er läßt sich hineinreißen ins Auf und Ab der Geschichte des Glücks und Unglücks, der Versuche menschlicher Selbstverwirklichung in Erfolg und Scheitern.

Hosea zeigt uns seine Zeit aus der Sicht Jahwes. Vielleicht können wir, seinen Worten nachhörend, ahnen, wie Gott in der Geschichte wirkt, wie er um den Menschen kämpft und um die Welt. Damals war er da, beteiligt, dabei — sollte er es heute nicht mehr sein?

HOSEA — ABBILD GOTTES (1-3)

ANFANG DES REDENS JAHWES MIT HOSEA (1,1)

Die Überschrift wurde bei einer der judäischen Redaktionen über das Prophetenbuch gesetzt. Sie ist formelhaft geprägt, die Reihenfolge des Satzes genau abgewogen: Der Herr ist es, der zu Hosea, dem Sohn des Beeri spricht. Der Name des Propheten steht an zweiter Stelle. Danach folgen die Namen von Königen, die damals regierten: Vier Namen aus der Jerusalemer Davidsdynastie, nur einer, Jerobeam II., von Samaria, der als Hauptverantwortlicher für die Schuld des Nordreichs galt. Damit ist die Szene bestimmt. Der Name des Sprechenden ist genannt, seine Zeit umrissen. Die Botschaft kann ergehen.

VON DER EHE DES PROPHETEN UND DEN NAMEN SEINER KINDER (1)

Man erwartet von einem Prophetenbuch, daß der Prophet zu sprechen beginnt, seine Botschaft ausrichtet. Das Buch des Propheten Hosea setzt anders ein. Zunächst wird von seiner Ehe erzählt und von den Namen seiner Kinder (Kap. 1); dann folgt eine Rede Jahwes, des Liebenden, an sein untreues Volk (Kap. 2); und noch einmal wird vom Propheten erzählt und seinem Verhältnis zu einer Frau (Kap. 3). In allen drei Abschnitten bildet die Beziehung »Mann — Frau« den Grundton: Hosea und Gomer; Jahwe und Israel; Hosea und die Unbekannte. Hoseas Beziehung zu den Frauen gleicht der Beziehung Jahwes zu Israel, seine Liebesgeschichte ist der Jahwes wesensverwandt. Darum kann die Geschichte Gottes mit seinem Volk in der Geschichte des Propheten dargestellt werden. Zwar wird man biographische Einzelheiten der Prophetenehe nicht pressen dürfen, doch sicher haben sie eine Rolle gespielt, um den Propheten zu dem werden zu lassen, als den wir ihn erkennen: Abbild Jahwes.

Das Buch beginnt mit einem Wort an Hosea: »Geh hin, nimm dir ein Buhlweib und zeuge Buhlkinder« (1,2). Das erste Wort Gottes ist ein Befehl. Jahwe verfährt hart mit seinem Propheten: Er darf sich das Mädchen, das er heiraten und zur Mutter seiner Kinder machen will, nicht selbst wählen. Ihm, dem Erwählten, der Gott so nahe ist, wie ein Mensch es sein kann, wird eine Partnerin zugeteilt, die weit von Gott entfernt ist.

Die Schriftausleger haben sich über diesen befremdlichen Gottesbefehl viele Gedanken gemacht. Soll Hosea ein »leichtes Mädchen« heiraten oder eine Fremdstämmische? »Buhlweib« meint wohl ein heiratsfähiges israelitisches Mädchen, das diesen Schimpfnamen dadurch verdiente, daß sie zu einem der kanaanäischen Baalsheiligtümer ging und ihre erste Begegnung dort mit einem zufällig vorbeikommenden Mann vollzog. Sie opferte ihre Jungfräulichkeit dem fremden Gott, um sich von ihm auf diese Weise Fruchtbarkeit für die künftige Ehe zu erkaufen und die Geburt ihrer Kinder unter die Segensmacht dieses Gottes zu stellen. Die Zeichen vollzogener Hingabe (Medaille, Ring, Mal) trug das Mädchen mit sich.

Ein solches Mädchen soll Hosea heiraten. Die Kinder dieser Verbindung sind von vornherein gebrandmarkt: Nicht Prophetensöhne und Töchter, Buhlkinder werden sie genannt. Hosea ist ihr Vater; doch die Mutter verdankt ihre Geburten dem fremden Gott, in dessen Heiligtum ihr Schoß geöffnet wurde.

Hosea fragt nicht lang: »Er ging hin und nahm Gomer, die Tochter des Diblajim« (1,3). Gomer wird schwanger und gebiert einen Sohn.

Und nun greift Jahwe wieder ein: »Gib ihm den Namen Jesreel!« (1,4). Jesreel ist ein Ortsname, bekannt aus der Geschichte Israels. Ein schlimmer Ort, denn dort wurde die Königsfamilie Ahabs, der dem Baal gedient hatte, ausgelöscht. Die Großen Israels brachten die Köpfe der 70 Ahabsöhne in Körben dem Jehu zum Tribut (2 Kön 10). Im Königsbuch wird die Bluttat des Jehu, der im Auftrag des Propheten Elija zum König gesalbt wurde, als gerechtfertigt angesehen; hier wird sie verdammt. Blutschuld hat das Königshaus bei seiner Machtergreifung auf sich geladen. Der Name des Prophetensohnes erinnert an den blutigen Anfang, den Jahwe nicht vergessen hat, auch wenn ein Jahrhundert darüber vergangen ist. In Jesreel wird der Gewalttätigkeit selbstherrlicher Macht ein Ende gesetzt.

Wieder war Gomer schwanger. Diesmal gebiert sie eine Tochter, die nach Jahwes Willen den Namen »Un-Erbarmt« tragen soll; denn mit der väterlichen Liebe Jahwes für sein Volk ist es zu Ende (1,6). Am endgültigen Ernst dieser Worte ändert auch der später in Juda eingefügte Vers 7, der dem Haus Juda Heil zusichert, nichts. Als die mit einem so harten Namen geschlagene Tochter zwei oder drei Jahre alt ist (Stillzeit), wird Gomer noch einmal schwanger und gebiert einen Sohn, dem der Name »Nicht-mein-Volk« zubestimmt wird.

Jeder Israelit kennt die Bundesformel: »Ich nehme euch an als mein Volk und will euer Gott sein« (Ex 6,7). Jeder weiß, daß hier das Verhältnis Gottes zu seinem Bundesvolk formuliert wurde: Israel ist Jahwes Volk — oder es ist nicht mehr. »Nicht-mein-Volk«, das heißt: Die Scheidung ist vollzogen, der Bund gilt nicht mehr. Jahwe, der »Ich-bin-da-für-euch« (Ex 3,14), ist nicht mehr da für sein Volk. Zurückgenommen sind jene Gotteszusagen, auf die Israel nicht nur seinen Glauben, sondern seine Existenz als Volk gründet. Ohne Königshaus, ohne Heer und Waffen ist Israel einst mit seinem Gott aus dem Knechtshaus Ägypten in die Freiheit der Wüste gezogen und von da in das Land der Verheißung. Der Gottesbund, stark genug, die Existenz eines Volkes zu gründen und zu tragen, nun ist er aufgehoben und ungültig.

In den neun Versen dieses ersten Kapitels erzählt ein Dritter vom Zustandekommen der Prophetenehe und den Namen ihrer Kinder. Jahwe nimmt den Propheten in Dienst; er plant seine Familie. Nicht eine vorbildliche Familie, wie man sie sich in einer gottentfremdeten Umwelt als wirksames Zeichen denken könnte. Gerade das Gegenteil entsteht: Ein Gottesmann nimmt eine Frau, die Zeichen fremden Kultes an sich trägt und belastet seine Kinder mit Namen der Unheilsbotschaft. Namen bedeuteten damals mehr als ein Unterscheidungsmerkmal; sie kennzeichnen Wesen und Geschick der Person. Kinder, die solche Namen tragen, sind von vornherein belastet, ausgeschlossen aus der Gemeinschaft; sie stehen mit Hoseas ganzer Familie im Abseits. (Man stelle sich vor, was es für ein nach Kriegsende geborenes Kind bedeuten würde, »Auschwitz« oder »Eichmann« zu heißen!)

Gott befiehlt — Hosea führt Befehle aus und findet sich in der realen Wirklichkeit seines Lebens in der Situation, in der sich — in einer anderen Wirklichkeit freilich — Gott befindet. Er ist gezwungen, mit Israel, der Untreuen, die einem fremden Gott nachläuft, auszuharren; Hosea hat mit Gomer, die demselben fremden Gott gehört, zu leben. Der Prophet teilt den Platz, den Gott in der damaligen geschichtlichen Stunde einnahm.

Man sollte dieses Kapitel der Heiligen Schrift nicht gleich abschwächen, in bildhafte oder geistliche Erklärungen ausweichen, nur, weil sie bequemer sind. Was Gott hier fordert, ist, menschlich gesehen, ein Skandal. Er mißachtet die Freiheit eines Menschen; er bestimmt über Kinder, ehe sie selbst entscheiden können; er mutet dem Propheten zu, seine, eines Gottes, Erfahrungen zu machen und als sein Abbild mitten unter den Zeitgenossen zu leben.

WORTE DES HEILS (2,1-3)

Unvermittelt hören wir eine andere Stimme. Hos 2,1-3 besingt das endgültige Heil. Das dem Jakob gegebene Versprechen (Gen 23,13) wird sich an Israels Söhnen erfüllen: Sie werden zahlreich wie der Sand am Meer. Die bisher getrennten Völkerschaften einen sich unter einem gemeinsamen König; die Besiegten leben frei im eigenen Land; Jesreel, der Ort des Vergehens (vgl. zu 1,4), wird zum Ort der Wiederannahme und des Triumphs. Dann tragen Menschen den unüberbietbaren Namen »Söhne des lebendigen Gottes«; sie geben einander Namen des Heils und der Gottesfreundschaft: »Mein Volk«, »Erbarmt« (vgl. 1,6.9). In solchen Bildern des Heils mischt sich völkische Zukunfterwartung mit unüberholbarer Heilssehnsucht, die allen Menschen gemeinsam ist.

Wann und wo immer dies Wort vom endgültigen Heil gesprochen worden sein mag — im unmittelbaren Zusammenhang mit dem Unheilszeichen der Prophetenehe stand es sicher nicht. An dieser Stelle spüren wir die fromme Sorge späterer Theologen, Gerichtswort durch Heilswort zu ergänzen, um zu vermeiden, daß der Hörer oder Leser einen einseitigen Eindruck von Gott und seinem Tun bekomme und vielleicht schockiert werden könne. Gott handelt zu Gericht *und* Heil im großen Bereich der Völkergeschichte wie im kleinen des Einzelschicksals; doch nicht immer steht das Heil unmittelbar hinter der Katastrophe.

Prozess gegen die Ungetreue (2,4-17)

In diesem Abschnitt begegnen wir einem kunstvoll aufgebauten Gedicht, das sich an die damaligen Bräuche der Gerichtsverhandlung hält. Seine Elemente sind: Anklage, Verurteilung, Mahnung. Gomer ist angeklagt, ihr wird der Prozeß gemacht; der Prophet ist Ankläger und Richter zugleich.

Die Rede läßt spüren, daß der eigentliche Sprecher Jahwe selber ist. Ihm geht es nicht um Gomer — sie tritt immer mehr in den Hintergrund —, sondern um sein untreues Volk. Jahwes Geschichte mit seinem Volk wird in dieser Gottesrede als Geschichte eines Mannes mit seiner ihm angetrauten Frau geschildert. Jahwe redet als verheirateter Mann über seine Frau Israel, über die Erfahrungen, die er mit ihr machte. Der sexuelle Aspekt spielt keine Rolle (Jahwe ist kein Sexualgott wie Baal!), wohl aber die Bindung, die zwischen Mann und Frau besteht: eine gegenseitige Bindung. Gott ist Gemeinschaft eingegangen, auch er hat sich gebunden. Darum hat er das Recht, Treue zu fordern, Anklage zu erheben.

Der Text beginnt damit, daß der Vater die Söhne auf seine Seite zieht, sie zu Zeugen der Anklage macht: »Denn sie ist nicht meine Frau, und ich bin nicht ihr Mann« (2,4). So lautet die rechtliche Scheidungsformel. Die Angeklagte kann sich kaum verteidigen, denn sie trägt den Beweis ihrer Untreue, die Zeichen ihres Besuchs im Baalsheiligtum an Gesicht und Brüsten (vgl. S. 12). Fügt sie sich nicht, so ist der Mann seiner Pflicht, sie zu bekleiden, entbunden; er macht sie hilflos und rechtlos, unfruchtbar wie die Wüste. Alle Annehmlichkeit, aller Wohlstand, im Land des Baal gewonnen, wird weggenommen.

Gomer wird angeklagt und mit ihr ein Volk, das fremdem Götterzauber nachlief. Zwei Schuldpunkte aus dem Sündenregister werden aufgezählt (2,7): freiwillig und bewußt ist sie hinter dem Baal hergelaufen; Gaben, die man einzig Jahwe verdankt (Brot, Wasser, Wolle und Flachs), hat sie dem Baal zugeschrieben. Sie ehrt Baal für das, was sie Jahwe verdankt.

Darum trifft sie die Vergeltungsmaßnahme: Ihr Weg ist versperrt und vermauert; sie hetzt ihren Liebhabern nach und findet nicht mehr zu ihnen. Schließlich, müde gehetzt, wird sie zur Einsicht kommen, die Möglichkeit der Rückkehr zu ihrem ersten Mann erwägen, das Volk die Rückkehr zu seinem Gott: »Dann wird sie sagen: Ich will hingehen und heimkehren zu meinem ersten Mann! Denn damals hatte ich es besser als jetzt« (2,9). Ein Gedanke, den jener verlorene Sohn im Gleichnis (Lk 15) in die Tat umsetzte.

Der Gedankengang Anklage - Urteil wiederholt sich (2,10-17): Jahwes Volk hat vergessen, wie es Gott in der Geschichte erfahren hat, was er für es getan hat: Er gibt nicht nur das Lebensnotwendige, sondern darüber hinaus Reichtum und Luxus. Nun droht er, seine Gaben zurückzunehmen; Hunger, Not und Schande sollen zur Besinnung führen. In Zeiten, da Hunger, Not und Krieg an die Stelle von Friede und Wohlstand treten, ändern sich die Feste und auch die Gebete und Gottesdienste. Man besinnt sich neu und unmittelbarer auf seinen Gott.

Der Wohlstand hat Israel verführt, Baal zu dienen; Israel hat seinen angetrauten Mann Jahwe vergessen (2,15). Doch Jahwe ist nicht gesonnen, diesen Zustand geteilten Herzens hinzunehmen. Er entzieht dem Land seinen Segen; er läßt nicht zu, daß sein Volk, das er aus der ägyptischen Sklaverei durch die öde Wüste in die fruchtbare Freiheit Kanaans führte, nun in die viel tiefergreifende Sklaverei des Baal gerät. Zurück in die Wüste, heraus aus Kanaan (2,16) führt nun der Weg. Ein Auszug in umgekehrter Richtung: Aus der Sicherheit ins Ungesicherte. Dort, im Ungesicherten, wird Gott sein Volk nicht sich selbst überlassen; er wird vielmehr neu um das Herz Israels werben. Gott selber schafft die Bedingungen neuer Begegnung. Hier tut sich der Abgrund Gottes auf: Gott vergibt nicht aufgrund von Bekehrung (vgl. auch Lk 15), sondern aus der Grenzenlosigkeit und Unauflöslichkeit des Zueinandergehörens heraus wirbt er um die Zuneigung des entfremdeten Menschen. Hosea weiß nicht nur um die Wankelmütigkeit des Menschen, er weiß nicht nur, daß Zeiten des Wohlstands und erfüllter Wünsche zum Gottvergessen führen, er weiß auch, daß Gott nicht aufgibt, weil er nicht ohne den Menschen sein will.

EIN NEUER BUND (2,18-25)

Die Wirklichkeiten »Heil« und »Glück« sind angeklungen. Im folgenden Abschnitt sind Prophetenworte zusammengestellt, die das Thema verdeutlichen und erweitern. Man mag vermuten, daß diese Träume vom Heil aus einer Zeit stammen, in der die Gerichte eingetroffen sind, die Assyrer einen Teil des Landes erobert haben und den Rest bedrängen.

Von »jenem Tag« spricht Hosea anders, als Amos es tut (Am 5,18ff; 8,9ff). Nicht Dunkelheit, Gericht und Untergang sind die Kennzeichen »jenes Tages«. Jener Tag stellt die Ehe zwischen Jahwe und dem Volk wieder her, denn da rufst du: »mein Gemahl« und nicht mehr rufst du mich: »mein Baal« (2,18). Das Wortspiel »mein Gemahl« — »mein Baal« ist mehrdeutig; denn Baal ist nicht nur der Name des Gottes, sondern auch die rechtliche Bezeichnung für den Ehemann. Gemeint ist wohl, daß Israel seinen Gott mit Liebesnamen ruft, die die Verbindung und Zusammengehörigkeit ausdrücken, daß Jahwe nicht mehr in einer Reihe steht mit den Baalen Kanaans. Die Ausschließlichkeit Jahwes, im ersten Gebot eingeschärft, verloren durch den Baalsdienst, wird wieder gelten. Jener Heilstag, der das Verhältnis zwischen Gott und seinem Volk wieder in die ursprüngliche Ordnung rückt, wird besiegelt durch einen neuen Bund. Dieser Bund trifft am Modell Israel den Menschen und seine ihm verfeindete Umwelt: Gott selber vermittelt zwischen dem Menschen und den Tieren, die dem Ackerbau schaden; er vermittelt zwischen feindlichen Machtgruppen; er stiftet Frieden unter allem Lebendigen. Ein neues Verhältnis beginnt, das alte ist vergangen. Das Neue beginnt nicht aufgrund verbüßter Strafe, abgetragener Schuld, sondern aufgrund von Heil und Recht, von Huld und Erbarmen, auf ewig — ohne Vorleistung, ohne Verpflichtung. An jenem

Tag wird die Verbindung Jahwe-Himmel-Erde-Korn-Öl-Jesreel (Israel) ungebrochen sein: denn alles, was zusammenwirken muß, damit der Mensch ein menschliches Leben hat, »hört« aufeinander (2,23-24). Dann werden die Unheilsnamen der Prophetenkinder ersetzt durch Namen des Heils: »Ich erbarme mich«; »Mein Volk bist du« — und Israel wird sagen: »Mein Gott!« (2,25).

VOM ZUSAMMENLEBEN DES PROPHETEN MIT EINER FRAU (3)

Es folgt ein zweiter Bericht aus dem Leben des Propheten (vgl. Kap. 1). Diesmal erzählt Hosea selber. Jahwe gibt einen neuen Befehl. Er fordert eine Zeichenhandlung, durch die seine Situation, in der er sich dem Volk gegenüber befindet, vorgelebt werden soll.

Hosea soll eine Frau lieben, die keine Treue kennt; er soll so lieben, wie Jahwe die Kinder Israels liebt. Hieß der Befehl: »Geh, nimm dir ein Buhlweib« (1,2), so lautet er diesmal: »Liebe diese Frau« (3,1). Viermal ist in dem kurzen Abschnitt von Liebe die Rede: liebe diese Frau, die als Geliebte ehebrüchig wurde — so wie Jahwe die Söhne Israels liebt, die ihrerseits andere Götter lieben.

Kann Gott einem Mann befehlen, eine Frau zu lieben? Vielleicht ist die Frage so falsch gestellt. Sollte man es für unmöglich halten, daß ein Mann einer Frau verfallen ist, nicht anders kann, als sie lieben, auch wenn sie untreu ist?

Die Frau wird nicht mit Namen genannt. Man kann daran denken, daß es sich um Gomer handelt, die, von ihrem Mann getrennt, nun zurückgekauft wird; ebenso möglich ist die Erklärung, daß es Hosea aufgetragen ist, »irgendeine« Frau zu nehmen. Die Frau ist in fremdem Besitz; Hosea muß bezahlen, damit er das Alleinrecht auf sie bekommt. Er holt die Frau in sein Haus; das scheint darauf hinzudeuten, daß er Gemeinschaft mit ihr sucht. Doch das Verhältnis entwickelt sich nicht so, wie man erwarten möchte: Hosea isoliert die Frau, er verwehrt ihr die Möglichkeit, einen Partner zu suchen, und auch er selbst hält sich von ihr fern. Der Auftrag Gottes manövriert den Propheten in eine seltsame Situation hinein: Er hat eine Frau im Haus, er hat für sie bezahlt, doch es kommt keine Gemeinschaft zustande. In dieser Spannung soll Hosea leben, viele Tage (3,3).

Doch die Situation, in der sich Jahwe befindet, ist ebenso grotesk, voller Spannungen: Er will Gemeinschaft, er hat sich Israel erworben, doch Israel kennt keine Treue; er will seine Gaben verschenken, doch sie werden nicht anerkannt. Darum soll alles verschwinden, wodurch Israel Beziehungen zu Gott aufnehmen konnte: Königshaus und Fürsten, Opfer und Kultstätten. Sie sind ja Zeichen der Gegenwart Gottes, Mittel, Gemeinschaft mit ihm zu erlangen. Gleich jener Frau in Hoseas Haus soll Israel allein sitzen, auf sich selbst zurückgeworfen.

Solche Vereinsamung kann zur Besinnung führen. Israel wird den verlorenen Gott suchen. — Ein judäischer Theologe, der an den davidischen Endzeitkönig dachte, hat seine Spur im Text hinterlassen.

GOTT ERHEBT ANKLAGE (4,1-9,9)

GEGEN DAS VOLK (4,1-3)

Die ersten drei Kapitel des Hoseabuches bilden eine Einheit. Auch die folgende Sammlung wird ausdrücklich als »Wort des Herrn« (4,1) deklariert. Nicht der Prophet ist es, der im folgenden seine Vorstellung einer idealen Weltordnung den wirklichen Zuständen gegenüberstellt und die Verantwortlichen anklagt. Der Prophet leiht Jahwe seine Stimme; er vertritt Gottes Träume und Pläne mit der Welt. Hinter den Anklagen steht das Bild der Welt, wie sie sein sollte, der Menschen, wie sie miteinander leben sollten.

Jahwe beginnt einen Rechtsstreit mit den Bewohnern des Landes — er erhebt Anklage: keine Treue, keine Liebe, keine Erkenntnis Gottes ist im Land. Damit wird nicht ein Mangel an religiösen, sondern an mitmenschlichen Verhaltensweisen festgestellt: Keine Zuverlässigkeit, kein soziales Empfinden, keine Übereinstimmung mit der Rechtsordnung Gottes, die sich ja nirgendwo anders verwirklicht als im Zusammenleben. Die Zustände sind danach: Verfluchen, Täuschen, Morden, Stehlen, Ehebrechen, Bluttat (4,2): Alles Vergehen gegen den Mitmenschen. Jedes von ihnen soll nach dem Gottesrecht mit dem Tod bestraft werden; denn Gott schützt das Recht des anderen gegen Übergriffe und Gewalt. Darum wird Gericht angedroht in der Gestalt einer großen, alles Leben ausbrennenden Dürre. Nicht die Menschen allein werden

bestraft, die Strafe trifft gleichermaßen Pflanzen und Tiere, Gemeinschaft des Lebendigen. Hier wie in der Sage von der großen Flut (Gen
6-8) lebt das Wissen darum, daß der Mensch und seine Welt eine Einheit sind und daß es in des Menschen Hand gegeben ist, die Erde zu
verderben.

EIN PRIESTER AUF DER ANKLAGEBANK (4,3-10)

Wieder werden wir Zeugen einer Auseinandersetzung, wie man sie sich
vor Gericht vorstellen kann. Das Protokoll ist einseitig. Wir hören
Anklage, Begründung und auch die Strafandrohung; die Stimme des
Angeklagten, seine Stellungnahme, seine Entlastungsversuche fehlen.
Gott selber erhebt Anklage. Nicht gegen »irgendeinen« (4,4), sondern
gegen einen erwählten Priester. Angesprochen ist ein einzelner, gemeint
ist sein ganzer Stand. Noch ehe das Vergehen genannt ist, wird Strafe
angedroht: Er wird zu Fall kommen. Die konkrete Bedeutung dieser
Strafe, die sogar die Priestermutter mit einschließt, läßt sich nicht er-
mitteln. Nach der Strafe wird die Schuld genannt (4,5): Das Volk
kommt um, denn es kennt seinen Gott nicht. Die Priester haben ihr
Mittleramt vergessen, sie geben die ihnen anvertraute Lebensweisung
nicht weiter. Im Grunde sind sie desselben Vergehens angeklagt, das
Mattäus den Pharisäern vorwirft: »Ihr schließt den Menschen das Him-
melreich zu; ihr selbst geht nicht hinein, und die hineinwollen, laßt ihr
nicht« (Mt 22,13).
Ein Priester, der die Menschen vergißt, der nach anderem sucht als nach
Gott, dessen Mittler er ist, wird vergessen; nicht nur er selber, auch
seine Söhne. Zur Zeit des Propheten herrschte offenbar kein Priester-
mangel, doch »je mehr ihrer wurden, um so mehr sündigten sie wider
mich« (4,7); Jahwe, ihre Ehre, tauschen sie gegen Baal, der Schmach
ist. Sie profitieren vom Baalsdienst des Volkes und sind bei den Frauen
im Baalsheiligtum zu finden.
Der Priesterstand hat keinen Grund, sich zu überheben; das Amt ge-
währt keinen Vorrang bei Gott; ihnen wird nicht mit anderem Maß
zugemessen als dem Volk. Ihre Taten fallen auf sie zurück: Sie essen
und werden nicht satt; sie umarmen ihre Frau, doch sie bekommen
keine Kinder; Jahwe, den sie verlassen haben, weigert ihnen den Segen.

FREVLERISCHER GOTTESDIENST (4,11-19)

In einer Strafrede erhalten wir Einblick in die kultischen Gepflogen-
heiten: Man betrinkt sich am Opferwein; befragt Holz und Stab in
magischem Orakelglauben; feiert Gemeinschaftsmahl und Rauchopfer
auf Anhöhen, wo man sich Gott näher glaubt; trifft sich mit geweihten Frauen im Schatten der Bäume. Und wieder wird den Priestern
die Schuld angerechnet; sie bringen das ihnen anvertraute Volk zu
Fall.

In Vers 15 klingt die Sorge eines Redaktors durch, der sich mahnend
an Juda wendet: »Kommt nicht nach Gilgal, zieht nicht hinauf nach
Bet-Awen«. Gilgal und Bet-El (›Haus Gottes‹, hier mit dem Schimpfnamen ›Haus des Frevels‹ genannt) sind Kultorte, die verlockend nahe
an der Grenze liegen. Dort schwört man zwar auf den Namen Jahwes,
man tut es aber frevlerisch; denn eigentlich wird dort dem Baal gedient,
nicht Jahwe.

Zwischen Vers 15 und 16 klafft eine Lücke. Vielleicht stand hier der
verteidigende Einspruch der Angesprochenen, der im Lauf der Überlieferung ausfiel. Der Prophet setzt neu ein. Die Verse 16-19 klingen
wie ein Lied: Israel-Efraim, eine störrische Kuh, keine dem Hirten
gefügige Herde, im Bund mit Götzen; Zechen, Buhlen und Lieben ist
ihr Gottesdienst, ein Sturm kommt über sie, rafft sie weg, samt ihren
Altären.

GEGEN DIE REGIERENDEN UND DAS VOLK (5,1-7)

Wieder steht der Prophet dem Volk gegenüber. Wieder ergeht Gottesrede. Diesmal ist wohl Samaria der Schauplatz. Der Kreis der Zuhörer
ist stellvertretend. Angesprochen werden Priester, Volk und Königshaus — ganz Israel. Diesmal wird nicht diskutiert. Tatbestände werden
aufgezeigt, die Folgen in ebenso knappen Sätzen dargelegt. Da gibt es
keine Möglichkeit, Einwände zu erheben, sich zu entschuldigen.

Die verantwortlichen Hüter des Rechts sind nicht Zuverlässigkeit, Sicherheit und Wegweiser, sie sind Falle, Netz und Grube für das Volk.
In Mizpa, auf dem Tabor, in Schittim locken sie das Volk in den Dienst
des Herrn Baal. Doch Jahwe, der Herr Israels, bleibt nicht stumm; er
ist Zuchtmeister für alle.

Gott kennt sein Volk; er weiß, wodurch es sich verlocken läßt, wovon es im Innersten umgetrieben wird. Sie haben sich selber verstrickt in ihren Wahn, sie können sich nicht mehr lösen, es gibt keine Umkehr mehr, sie kennen den Herrn nicht (5,4). Auch an dieser Stelle spricht Hosea nicht davon, daß Israel seinen Gott nicht mehr »liebe«, sondern davon, daß es ihn nicht mehr »kennt« (vgl. S. 9f). Er ist fremd geworden; er hat seinen Platz im Denken, Fühlen und Tun der Israeliten verloren; man lebt nicht mehr im tieferen Einverständnis mit ihm. Das Tun prägt den Menschen, kultisches Tun so sehr wie »weltliches«. Hochmut und Schuld zeugen gegen den, der ihnen verfallen ist. Israel-Efraim fällt; auch Juda, das gibt ein späterer Redaktor an dieser Stelle zu, entgeht dem Schicksal des Brudervolks nicht (5,5).

Dann werden sie mit Schafen und Rindern kommen, um Jahwe das geschuldete Opfer, Zeichen der eigenen Hingabe, darzubringen. Sie werden ihn suchen, doch er ist nicht da. Gott kann sich entziehen. Er kann die ihn Suchenden abweisen. Er ist nicht ein Automat, stets bereit, wenn man nur Opfer und Gaben vorweist. Kultische Leistungen können ihn nicht täuschen.

Ein Volk, das ihn nicht mehr kennt, ohne ihn lebt, wird vor den Tatbestand seiner Schuld gestellt und ebenso vor deren Folgen.

POLITIK ZUM UNTERGANG (5,8-14)

Der neue Abschnitt ist von kriegerischen Worten geprägt. Diesmal läßt sich der zeitgenössische Hintergrund erschließen. Hosea erlebte den syrisch-efraimitischen Bruderkrieg (734/33 v. Chr.).

Ein Blick in die historischen Hintergründe mag hilfreich sein. Im Jahr 743 v. Chr. fiel der Assyrerkönig im Zuge seiner Expansionspolitik in Nordsyrien ein und machte in den folgenden Jahren mehrere Kleinstaaten tributpflichtig. König Hoschea von Israel bot rechtzeitig seine Unterwerfung an und bewahrte so sein Land vor der Besetzung durch die Feinde. 734/33 v. Chr. drang Tiglat-Pileser bis in den Südwesten Palästinas vor. In dieser bedrohlichen Situation verbündeten sich die Könige Rezin von Damaskus und Pekach von Israel. Um ihre Widerstandskraft zu stärken, versuchten sie, König Ahas von Jerusalem zu ihrem Bündnis zu überreden. Als der sich weigerte, zogen die beiden, die sich zum Widerstand gegen Assur zusammengetan hatten, vor die Mauern Jerusalems (vgl. 2 Kön 15-16). Gegen den Rat des Propheten Jesaja (Jes 7), der Ahas zum Stillhalten im Vertrauen auf Jahwe aufrief, unterwarf sich Ahas freiwillig dem Assyrerkönig, sandte ihm Tribut und bat ihn, gegen die Bedränger einzuschreiten. Noch im selben Jahr eroberte Tiglat-Pileser III. Galiläa und das Ostjordanland. Dem israelitischen König blieb nur ein kleines Gebiet um seine Hauptstadt Samaria.

Im Zusammenhang mit diesen Ereignissen tritt der Prophet Hosea auf. Er kommt als Kriegsherold: Alarm in Gibea, Rama und Bet-El! Ahnungslose Bewohner sollen gewarnt werden. Der Feind kommt also von Süden und rückt nach Norden vor.

Der Text gibt Rätsel auf. Wer war dieser Feind, der vom Süden kommt? Assur wohl kaum, vielleicht ist an einen Ausfall Judas zu denken, das an Israel gefallene Städte zurückerobern will. Von Jerusalem her droht die Gefahr dem fünf Kilometer entfernten Gibea, dann dem acht Kilometer entfernten Rama, schließlich Bet-El (18 km nördlich von Jerusalem). Rama und Gibea sind judäische Städte; man muß sich wohl vorstellen, daß sie in den Wirren des Bruderkrieges erobert wurden. Die Gefahr droht dem benjaminitischen wie dem efraimitischen Stammesgebiet. Efraim wird zum Schauplatz des Tages der Züchtigung gewählt, die der Prophet und das betroffene Volk als Gottesgericht verstehen. Efraim wird zur Schaueröde (5,9); der Prophet kündet, was feststeht. Vers 10 scheint den Zusammenhang zu sprengen: Die Führer Judas sind angeredet; gleichermaßen trifft sie Gottes Zorn. Efraim-Israel ist unterdrückt; Feinde und Sieger bestimmen sein Recht. Schuld an dieser politischen Situation ist das Paktieren mit Fremden, fremden Völkern und fremden Göttern, lächerlich hilflosen Bündnispartnern, die keinen Schutz zu geben vermögen. Anders Jahwe.

Doch jetzt schützt er nicht, er zerstört: »Ich bin wie Eiter für Efraim, wie Knochenfraß für das Haus Juda« (5,12). Jahwe zeigt sich selbst in schauerlicher Funktion, hautnah, sein Volk zerstörend, wie Krebs und Aussatz fressend.

Die verfeindeten Stämme merken nicht, was im Bruderkrieg vor sich geht, wer ihren Haß schürt, damit sie sich gegenseitig aufreiben. Sie können den bösen Bann nicht sprengen, um sich gemeinsam an den gemeinsamen Gott zu wenden, der allein fähig gewesen wäre, die politische und menschliche Verblendung von ihnen zu nehmen. Efraim-Israel wendet sich an Assur, und Juda geht in dieselbe Sackgasse (5,12).

Noch einmal folgt ein selbstoffenbarendes Wort Jahwes: Ich bin wie ein Löwe für Israel, wie ein Jungleu für Juda; ich reiße, gehe davon, schleppe weg, keiner kann die Beute rauben (5,14). Erst in der völligen Zerstörung tritt die Wende ein; ihrer Schuld bewußt werden sie Gottes Angesicht suchen. Unübertreffbare Not, der Bankrott aller menschen-geplanten Politik und Diplomatie muß hereinbrechen, ehe sie Ausschau halten nach dem, der ein anderes Konzept von Politik und vom Zu-sammenleben der Völker durchsetzen will.

Man muß sich fragen, was dieser Abschnitt des Hoseabuches, dessen Hintergrund wir einigermaßen erhellen können, uns bedeuten kann. Der syrisch-efraimitische Bruderzwist war ein kleiner Krieg, ein Zwi-schenfall im Kampf der Großmächte. Wenn man das Hereindrängen der übermächtigen Assyrerheere bedenkt, muß man kein Prophet sein, um sagen zu können, daß kleine Provinzen keine Chance des Wider-stands haben konnten. Israel und Juda wurden Opfer der Großmächte; der Verlauf ihrer Geschichte bis zum Untergang Israels (722 v. Chr. durch die Assyrer) und Judas (586 v. Chr. durch die Babylonier) ist kaum anders denkbar.

Muß man Menschenschuld und Gotteszorn ins Spiel bringen, um zu erklären, was nichts anderes ist als ein historisch berechenbarer Ablauf? Hosea — und mit ihm die Männer der Bibel — versteht die Geschichte seines Volkes als Geschichte mit Gott. Politik, Diplomatie, Verträge, Siege und Niederlagen können nicht bloß als menschliche Unterneh-mungen, als Erfolg oder Mißerfolg namentlich aufzuzählender Könige und Feldherren verbucht werden. Eine Bilanz der Volksgeschichte ist immer auch eine Bilanz der Gottesgeschichte. Wenn dem Volk nun die politische Katastrophe, der Verlust staatlicher Selbständigkeit, die Er-oberung durch mächtige Feinde, die Deportation droht, ist der Schluß eindeutig: Die Geschichte ist ein Fehlschlag, sie ist gescheitert.

Die Propheten gestatten es dem Menschen, Politik auf eigene Faust zu machen, die Verantwortung für die Welt selbstherrlich auf sich zu nehmen — in der Sicherheit, daß sich die Grenzen des Machbaren immer weiter hinausschieben lassen. Doch in der Beurteilung, im Fazit dessen, was der Mensch aus eigener Vollmacht und Verantwortung aus der

Welt macht, kommt ein anderes, ein vorgegebenes Maß ins Spiel. Innerweltlich-politisches Handeln verstellt den Blick auf Gott nicht. Im Gegenteil, gerade hier hat der Mensch eine Chance, Gott neu zu gewinnen. Es wäre gewiß zu einfach, wollte man mit Berufung auf die prophetische Botschaft sagen, der Kampf von Völkern um ihren Bestand, menschliches Mühen um Fortschritt und Neugestaltung der Welt, um soziale und kulturelle Geschichte sei in jedem Fall zum Scheitern verurteilt. Doch gerade im Scheitern kann das Überraschende begriffen werden, nicht als theologischer Lehrsatz, sondern als Entdeckung einer Wirklichkeit: Gottes Bilder von der menschlichen Welt sind immer größer als das jeweils Gewollte oder Erreichte. Und: Gott gibt den Menschen nicht auf; er hat ihn nicht aufgegeben in all den Katastrophen seiner Geschichte; er zieht sich nicht zurück, er öffnet Zukunft. Am Beispiel der Geschichte Israels kann man erfahren: Gott hat nicht nur in der Vergangenheit gewirkt (in der Wüste, in Ägypten, am Sinai), sein Heil kommt jeweils aus der Zukunft. Mag sein »Nein« zur gegenwärtigen Situation unüberhörbar sein; sein Da-Sein ist nicht am Ende, sein Weg mit dem Menschen geht weiter.

DIALOG DER BUSSE (6,1-6)

Einer der Redaktoren hat ein Bußlied des Volkes samt der Antwort Gottes an dieser Stelle dem Text eingefügt. Vermutlich dachte er an jene Motive der vorausgegangenen Gottesrede, die von Umkehr, vom Suchen nach Gott sprechen.

Das Bußlied des Volkes tönt anders, als wir es erwarten: Nicht Selbstanklage, kein Sündenbekenntnis, sondern Gewißheit und Vertrauen darauf, daß der, der geschlagen hat, auch heilen wird. »Nach zwei Tagen läßt er uns aufleben, am dritten Tag aufstehen, daß wir leben vor ihm« (6,2). Die Zeit läßt sich absehen; er wird eingreifen.

Die urchristliche Gemeinde hat wohl an dies Schriftwort gedacht, wenn sie die Auferweckung Jesu am dritten Tag verkündet (vgl. 1 Kor 15,4; Lk 24,7). Im Bußlied des Propheten handelt es sich nicht darum, daß ein Toter ins Leben gerufen wird, sondern um die Heilung Geschlagener. Die Formel »am dritten Tag« meint sinngemäß nicht einen Zeitpunkt, den man auf dem Kalender abzählen könnte, sondern den

Augenblick des Eingreifens Gottes: Am Tag seines Heiles läßt er uns aufstehen, daß wir leben vor ihm.

Morgenröte und Frühlingsregen werden im Kult der sterbenden und wiedererstehenden Fruchtbarkeitsgötter gepriesen, deren Feste mit dem Beginn der Regenzeit verbunden waren. Bilder aus dem Mythos werden vom Propheten auf Jahwe übertragen: Er wird sicher kommen; man kann sich darauf verlassen, ebenso wie man sich auf das jährliche Einsetzen des Regens verläßt.

Hosea kennt Jahwes Antwort auf dieses Bußlied. Er erteilt nicht bedingungslose Absolution, er erwägt: »Was soll ich dir tun, Efraim? Was soll ich dir tun, Juda?« (6,4). Gewiß, die Brudervölker haben sich ihm zugewandt – doch wird diese Zuwendung dauern? Ist sie nicht eine vorübergehende Aufwallung gleich dem Morgengewölk, an der Oberfläche, gleich dem Tau, flüchtig, ohne Bestand? Darum kommt der Prophet als Kampfredner für Gott ins Spiel, sein Wort entlarvt, richtet, klärt die Verhältnisse. Die Propheten demonstrieren das Recht Gottes, sie halten es den Zeitgenossen vor die Augen, daß keiner sagen kann, er habe nicht Bescheid gewußt. »Denn Liebe will ich, nicht Mahlopfer; Erkenntnis Gottes, nicht Brandopfer« (6,6).

Ein *einziger* Satz faßt den Willen Gottes zusammen. An diesem Satz wird die Bußgesinnung der Gläubigen gemessen; in diesem Satz gründet prophetische Predigt.

Dies Prophetenwort mußte schockierend wirken, denn Gottes Wille, daran hielt und hält man sich, ist sichtbar und greifbar in vielen Geboten und Forderungen. Gebote, die das Miteinanderleben regeln, Gebote, die den Kult und das Leben mit Gott ordnen. Kann von einem Menschen, der sich müht, diesen Sätzen zu entsprechen, mehr gefordert werden? Jedoch Gott zählt nicht erfüllte Einzelgebote, er rechnet nicht Gebete und Opfer nach, vor ihm zählt die Gesinnung. Zweimal legt Mattäus (9,13; 12,7) den ersten Teil dieses Grund-Satzes des Gotteswillens Jesus in den Mund; denn der Gott, für den Jesus eintritt, ist kein anderer als der des Hosea; das Ziel, das er dem Menschen vorhält, hat sich nicht gewandelt. Auch die Gottesdiener zur Zeit Jesu mußten an den Rang der Gebote erinnert werden; denn auch ihnen fiel es leichter, sich an formale Gebote zu halten und sich so mit vermeintlich gutem Gewissen am lebendigen Bruder ebenso vorbeizudrücken wie an der Erkenntnis des lebendigen Gottes.

ANKLAGE WEGEN RECHTLOSIGKEIT (6,7-7,2)

Der Abschnitt klingt wie eine Schuldliste. Das Sündenregister, auf die Damaligen gemünzt und ihnen sicher verständlich, bleibt für uns im Dunkeln. Namen von Städten und Landschaften werden aufgezählt: Adam, Gilead, Bet-El, Juda, Israel-Efraim, Samaria, gleichermaßen gezeichnet durch Unrecht, Bundesbruch, Gottesverrat. Der Sinn der Rede ist klar: Rechtlosigkeit, Unsicherheit, Gewalttat allüberall im Land. Diese Rechtlosigkeit kann nur einen Grund haben: Mißachtung der von Jahwe gegebenen Bundesordnung. Die Bestimmungen des Bundes sind ja nicht nur ein Kultgesetz, sie garantieren dem Menschen ein faires Miteinander, ein Leben aus gegenseitigem Vertrauen ohne Angst vor dem Nächsten. Wenn der Rahmen, den Gott dem Menschen abgesteckt hat, nichts mehr gilt, wenn eigene Ziele und egoistische Ideale an seine Stelle treten, können sich die Verhältnisse nur zum Schlechteren wenden. Darum ist Gottesabfall immer auch Abfall des Menschen von sich selbst.

ANKLAGE GEGEN KÖNIGSMÖRDER (7,3-7)

Diese Rede ist einer der seltenen Fälle, in denen sich ein historischer Anlaß hinter dem Prophetentext greifen läßt: Wieder sind es die Jahre des Bruderkriegs (734/33). König Pekach, selber durch Königsmord auf den Thron gelangt, herrscht in Samaria (2 Kön 15,27-31). Er war einer der Bündnispartner, die gegen Jerusalem zogen (Jes 7,1). Hoschea, der Sohn des Ela, zettelt eine Verschwörung gegen Pekach an; ihr fällt er zum Opfer. Nun kommt Hoschea an die Macht und vollzieht sofort eine taktische Schwenkung. Sein Vorgänger Pekach suchte sich gegen Assurs Übermacht aufzulehnen. Hoschea ist zur Unterwerfung bereit und bietet Tribut. Der unerwartete Regierungswechsel zwingt die um ihre Ämter besorgten Höflinge zum Gesinnungswechsel, zur Heuchelei. Der Text ist uns nicht lückenlos überliefert, doch wird deutlich, daß der Prophet das Treiben der Hofclique entlarven will: Die Höflinge erheitern und umschmeicheln den König — Bosheit und Falschheit im Herzen; allesamt sind sie untreu.
Die unkontrollierte Leidenschaft ihrer Intrigen wird mit dem Feuer verglichen, das der Bäcker im Backofen anzündet und so lange brennen

läßt, bis er den Teig bereit hat, um ihn in der gedrosselten Hitze der niedergebrannten Flamme zu backen (7,4).

An den Königsfesten, Thronbesteigung oder Geburtstag, nutzen die Höflinge die Wirkung des Alkohols aus, die Großen werden schwach, die Rebellen schüren die Glut ihres Fanatismus, am Morgen fällt der König. Königsmord, wie er hier im Einzelfall beschrieben ist, geschah in Samaria nicht nur einmal: Die Zahl der Könige, die im Nordreich eines natürlichen Todes starben, ist gering im Vergleich zu denen, die gewaltsam endeten. Der letzte Vers des Abschnitts enthüllt den Kern der Anklage: »alle ihre Könige fallen. Doch zu mir ruft keiner von ihnen« (7,7). Die Führer verwickeln sich in Machtkämpfe und Politik, Bündnisse, Kriege und Morde; die Mächtigen nützen die Situation nach eigenem Ermessen, spinnen Intrigen nach eigenem Plan, und auch die Unterlegenen, die Gestürzten wenden sich nicht an den, der den Plan kennt.

ANKLAGE WEGEN FALSCHER AUSSENPOLITIK (7,8-16)

König Pekach wurde seiner Bündnispolitik mit Aram, den Philistern und Ägyptern wegen beiseite geschafft, als es günstig erschien, sich den siegessicheren Assyrern zu unterwerfen. Doch bald mag es sich gezeigt haben, daß auch die Unterwerfungspolitik seines Nachfolgers Hoschea ben Ela ihre Schattenseiten hatte. Eine Politik des Wankelmuts, fremde Besatzung im Land führen dazu, daß völkische Eigenarten verloren gehen, das Volk vermengt sich mit Fremden. Ein unvermeidlicher Vorgang, möchte es scheinen. Doch Israel lebt unter dem Gebot, nicht zu werden wie die Völker, Gottes Volk zu bleiben. Eine unmögliche Forderung angesichts der realpolitischen Lage. Israels Kern, sein Selbstbewußtsein bröckelt ab, »Fremde fressen seine Kraft« (7,9), und die Betroffenen merken es nicht einmal. Darin liegt ihre Schuld. In hochmütigem Stolz erstarrt, achten sie nicht der Aushöhlung durch die Fremden, denken nicht daran umzukehren, in der Krise Halt zu suchen bei dem, der ihnen ihre Eigenart garantiert, weil er sie zu seinem Volk gemacht hat.

In Bildern wird politisches Verhalten verdeutlicht: Tauben lassen sich leicht locken; ihnen gleicht die Vertrauensseligkeit der Politiker. König

Pekach setzt auf Ägypten, sein Nachfolger Hoschea auf Assur. Ohne eigene Konzeption hängen sie sich jeweils an den Mächtigeren. Jedoch, sie mögen hierhin oder dorthin flüchten, wenn der große Vogelfänger sein Netz wirft, werden sie nicht entkommen. Jahwe überlegt: Soll er sie loskaufen aus ihrem Bankrott, den sie selbst verschuldet haben? Kann er sie befreien, solange sie sich an ein Zerrbild von ihm halten und seinen Namen nennen, wenn sie diesem Zerrbild dienen: auf den Boden hingestreckt, lautstark heulend, mit Ritzwunden demonstrierend, die Herzenshingabe weigernd. Sie denken nicht daran, vor ihrem Gott zu kapitulieren. Doch die Mächtigen der Welt, um deren Hilfe sie bitten, werden sie zum Gespött machen. Die Ägypter werden lachen, wenn offenkundig wird, daß auch die Schwenkung zu Assur die Niederlage nicht verhindern konnte.

ANKLAGE WEGEN GOTTESVERRAT (8,1-14)

Wieder ruft der Prophet die Kriegswächter, Signal zu geben. Diesmal kommt die Bedrohung nicht aus dem Süden (vgl. 5,8) noch aus dem Norden. Der Feind kommt von oben. Wie ein Geier wird er herabstoßen. Schuld hat sich angehäuft, ein verratener Gott sinnt Strafe. Er hat allen Grund: Sein Bund ist gebrochen, seine Weisungen gelten nichts, das Gute ist verworfen, Könige und Fürsten regieren selbstherrlich; selbst ihren Gott machen sie sich nach eigenem Bild: sie geben ihren Wohlstand, Silber und Gold, für Gottesbilder (vgl. 1 Kön 12,29), Menschenwerk, ohne Leben, dem Menschen verfügbar zum Trugkult, den sie steuern können nach eigener Politik. Sprichworte erhärten den Tatbestand: Sie säen Wind, Wertloses, Sturm – das Gericht Gottes ernten sie. Ein dürrer Halm bringt keine Ernte, ein selbstgebastelter Gott vermag nicht zu helfen (8,7). Fremde, Außenstehende haben vielleicht ihren Nutzen.

Israel hat seinen Gott verraten, seine Eigenart verloren, unter den großen Völkern gilt es nichts; es hat seine Freiheit an Assur verkauft (733 v. Chr.), Tribut angeboten, sich selbst feilgeboten wie eine Dirne. Doch vor dem verratenen Gott kann man keinen Schutz erkaufen, auch nicht der mächtigste Staat mit dem schlagkräftigsten Heer könnte ihn garantieren: »Ich werde sie zusammentreiben« (8,10), sie werden stöhnen unter der Last des Königs.

Das Schuldregister geht weiter: Die Altäre, Orte der Gottbegegnung und der Vergebung, sind Stätten der Sünde, der verfehlten Gottbegegnung; Weisung und Gottesrecht, die dem eigenen Streben vielleicht querstehen, werden verachtet. Opferfeste und Gemeinschaftsmahle, zur Ehre Jahwes und zum eigenen Vergnügen veranstaltet, können kein Alibi vor Gott begründen. Jahwe will diese Opferpraktiken nicht, er lehnt sie ab. Man kann sich denken, wie dies entscheidende Prophetenwort eine von der Gottwohlgefälligkeit ihres Tuns und der eigenen Sendung überzeugte Priesterschaft treffen mußte: »Jahwe hat kein Gefallen an ihnen« (8,13). Damit ist ihnen die Berufung abgesprochen, die Existenzgrundlage entzogen.

Das Volk muß zurück nach Ägypten — das ist die Strafe für seine Schuld (8,13). Die Gottesgeschichte Israels, die in Ägypten begann, ist zu Ende. »Ich bin Jahwe, dein Gott, der dich aus Ägypten, aus dem Sklavenhaus geführt hat« (Ex 20,2) — so lautet die Überschrift zum Zehngebot — dazu bekennt sich Gottes Volk. Dies Bundesgebot stand über dem Volk seit dem Beginn seiner Geschichte. Nun hat es sich, durch eigene Schuld, in eine Lage gebracht, in der die Rückkehr zum Gott des Bundes versperrt ist. Das Volk hat seine Freiheit verspielt — zurück in die Abhängigkeit, lautet das Urteil.

DAS URTEIL AM FEST (9,1-9)

Nie kann sich die Gottesgemeinde so unbeschwert freuen, nie kommen Danklieder leichter von den Lippen, nie ist man des Gottessegens so sicher wie bei den jährlich wiederkehrenden Erntefesten. Bitterer Klang wirft das Prophetenwort in die Freude eines solchen Festes: »Nie mehr freue dich, Israel!« (9,1). Das klingt endgültig. Vorbei ist es mit dem Jauchzen. Mögen die Völker ihre Götter preisen — Israel hat seinen Gott verlassen und verloren. Die Erntetennen, auf windiger Höhe angelegt, sind Orte des Baalkultes geworden; dort dankt man nicht Jahwe für Korn und Brot.

Mag die Tenne voll sein, der Saft in der Kelter sprudeln — das Volk, das sich der Ernte freut, wird sie nicht mehr in Ruhe genießen können. Sie werden vertrieben: Zurück nach Ägypten, in die Totenstadt Memphis (9,6), nach Assyrien. Ein Exodus unter umgekehrten Vorzeichen wird einsetzen. Einst zog Israel, der Zusage seines Gottes gewiß, in das Land ein. Nun wird es ausziehen, diesmal nicht hinter seinem Gott her, die Geschichte ist am Ende, die Verheißung vertan. — »Nie mehr!« Denn dies Land gehört Jahwe. Er hat es seinem Volk zu Lehen gegeben, er kann das Seine zurückfordern. Nie mehr ein Mahlopfer für Jahwe, als Zeichen kultischer Gemeinschaft. Sie werden das Brot der Fremde essen, an dem Jahwe keinen Anteil hat; Trauerbrot, das höchstens den primitiven Hunger stillen kann. Kein Feiertag mehr, kein Fest für Jahwe, keine Gemeinschaft seiner Glaubenden. Das Land wird verwüstet, die Bewohner in die Verbannung getrieben. In Memphis werden die begraben, die, um ihre Freiheit zu retten, nach Ägypten auswandern. Was jetzt noch kostbar ist, wird seinen Wert verlieren. Nesseln und Dornen wachsen bis in die Zelte der Auswanderer hinein, Bilder vom gedrückten und kärglichsten Dasein in Flüchtlingslagern. Das sind die Bilder vom Tag der Abrechnung und der Vergeltung.

Wie provozierend diese Rede auf dem Hintergrund eines fröhlichen Jahwefestes im scheinbar gesicherten Land wirken mußte, zeigen die Einwürfe, die hier — ein einziges Mal im Buch Hosea — in den Text eingetragen sind: »Ein Narr ist der Prophet, verrückt der Geistesmann!« (9,7). Wie anders können sich die Hörer gegen das Schockierende dieser Botschaft wehren als dadurch, den Boten anzuzweifeln, ihn für verrückt zu erklären. Amos erhielt bei ähnlichem Anlaß Redeverbot und die Ausweisung aus dem Land (Am 7,12.16). Hosea wird »meschugge« genannt, Jeremia als »verrückter Weissager« (Jer 29,26) abqualifiziert, und die Familie wie die Gegner Jesu wollen den unbequemen Propheten für unzurechnungsfähig erklären lassen (Mk 3,21; Mt 12,24; Lk 11,15; Joh 8,48 u. ö.). So wehrt sich erstarrter Glaube gegen den Angriff auf seine Heilssicherheit. Aus Angst vor der möglichen Wahrheit des von Gott her neu Hereinbrechenden kämpft man um den Bestand des Bisherigen. In solcher Haltung offenbart sich weder Glaube noch Vertrauen. Vergessen ist das Wissen um den immer größeren, den Menschen immer neu herausfordernden Gott. Ängstlich krallt sich vermeintlicher Glaube am Bisherigen fest und verdammt den Künder der beunruhigenden Botschaft. In solch emphatischer Anfeindung wird die Größe der Schuld gekennzeichnet. Die Zeitgenossen lauern dem Propheten auf, sie feinden ihn an und vergehen sich an ihm so schwer wie jene lüsternen Männer in Gibea, die sich eine ganze Nacht

lang mit der Frau eines durchreisenden Leviten vergnügten, um sie am
Morgen sterbend auf der Schwelle des gastlichen Hauses zurückzulas-
sen (Ri 19).

BETRACHTUNGEN ÜBER ISRAELS
VERGANGENHEIT (9,10-14,10)

DIALOG MIT DEM ANDEREN GOTT (9,10-17)

Jahwe hat das Wort. Er gedenkt der Väter Israels und der Anfänge.
Die Erwählungsgeschichte beginnt nach dieser Überlieferung weder
mit Abraham noch in Ägypten, sondern in der Wüste. Dort fand Jahwe
die Väter Israels — und sie waren für ihn ein ganz und gar unvorher-
sehbarer Glücksfund; denn wer würde damit rechnen, in der Wüste
Trauben zu finden? Doch schon in Baal-Pegor (einer Siedlung, die vermutlich im Umkreis des Toten Meeres zu suchen ist) begann die Geschichte des Abfalls. Dort weihten sie sich dem fremden Gott; das bedeutet, daß sie die Bedingungen seines Kultes erfüllten, um an ihm teil-
nehmen zu können. Kult prägt den Menschen; ist dieser Kult Gott
verabscheuenswert, so werden auch seine Diener zu Scheusalen.
Die Sünde der Väter steht am Anfang des Fehlwegs. Efraim-Israel,
das Volk des 8. Jahrhunderts, steht an seinem Ende. Es hat seine Freiheit, seine Einheit verloren, auseinandergewirbelt wie ein Vogel-
schwarm, ohne Zukunft: keine Geburt mehr, keine Schwangerschaft,
keine Empfängnis. Auch die Kinder, die jetzt noch heranwachsen, haben keine Zukunftschancen. Die Eltern dieser Kinder sind in einer
schlimmen Situation. Noch schlimmer wird sie, wenn Gott von ihnen
weicht; sie sind zum Aussterben verurteilt, Jahwe sieht (9,13): Väter
und Mütter führen ihre Kinder in Fallen, ins Elend, in den Tod.
An dieser Stelle greift der Prophet ein. Er erhebt keinen Widerspruch,
setzt sich nicht als Fürbitter ein. Kann ein Prophet ein so hartes Urteil
hinnehmen? Muß er nicht Entschuldigungsgründe finden? Warum wi-
derspricht er dem Plan dieses Gottes nicht, der das Volk ausrotten
wird? Könnte Jahwe nicht andere Wege finden, um die baalstrunkenen
Frauen und Männer seines Volkes zurückzugewinnen? Auf keine die-

ser Fragen gibt der Text eine Antwort. Wir müssen das befremdliche Prophetenwort hinnehmen: »Gib ihnen, Herr, was du geben willst! Gib ihnen kinderlosen Mutterschoß und vertrocknete Brüste« (9,14). Und noch einmal Jahwes Stimme: In Gilgal hab' ich sie hassen gelernt, darum werden sie aus dem Land (Haus) vertrieben (9,15). Was brachte Gott dazu, sein Volk zu hassen? Die Königswahl Sauls in Gilgal (1 Sam 11,14), das Scheitern desselben Königs in Gilgal (1 Sam 15) oder ein anderes mit Gilgal verknüpftes Vergehen, das im Dunkel der Geschichte in Vergessenheit geriet? »Nie mehr werde ich sie lieben« (9,15) — das klingt endgültig. Der Bund ist aufgehoben, die Beziehung abgebrochen. Nach dieser von letzter Endgültigkeit geprägten Feststellung klingt der folgende Vers (9,16), der Efraims Dahinsiechen beschreibt, mehr wie ein Nachsatz.

Noch einmal hören wir die bestätigende Stimme des Propheten (9,17): Verwerfen wird sie mein Gott; unstet müssen sie irren unter den Völkern, aus denen das Wort der Erwählung sie ausgesondert hatte.

Wer diesen Dialog liest, sollte nicht vorgreifend an die Worte überströmender Liebe denken, die Hoseas Gott für sein Volk findet. Er sollte auch nicht gleich jenen ›Gnadenautomatismus‹ ins Spiel bringen, den wir im Religionsunterricht und von den Kanzeln gelehrt bekommen. Vielleicht sollten wir eher uns mühen, diesen uns fremden, ›ungöttlichen‹ Gott des Hasses, der aufgekündigten Liebe ernst zu nehmen. Sind wir nicht allzurasch bei der Hand mit vorgeprägten Erwartungen an Gott, zurechtgeschneidert nach unseren Bedürfnissen? Wissen wir nicht allzu sicher von ihm, daß er ein Liebender ist, aus jeder noch so verfahrenen Situation den Ausweg schenkt, dafür einsteht, daß es in jedem Fall gut mit uns Menschen ausgeht, daß sein Gott-Sein im bedingungslosen Ja zum Menschen bestehe. Wir leben nicht ohne Grund aus diesem Vertrauen. Doch wenn er Gott ist, ist er frei, er läßt sich nicht erpressen oder festlegen. Und wenn seine Liebe göttlich ist, dann auch sein Haß.

LEHRREDE ÜBER KULT UND KÖNIGTUM (10,1-8)

Wieder gehen die Gedanken in die Vergangenheit. Israel wird mit einem üppigen Weinstock verglichen (10,1): ein Volk, das im Wohlstand lebte. Je reicher die Ernten, desto reichlicher werden die Opfergaben; je größer der Wohlstand, desto zahlreicher die Altäre. Alles könnte zum Segen sein, Bild eines Volkes, das seinem Gott dankt, wenn nur das Herz dieses Volkes nicht geteilt wäre, wenn an Altären und Weihesteinen Jahwe geehrt würde. Nicht ihm gilt Ehre und Dank. Darum kommen Zerstörung und Katastrophe. Dann werden die Israeliten — das Wort überrascht in dem Zusammenhang — zur Einsicht kommen, sich vom König (sei es Hoschea ben Ela oder ein anderer) abwenden und die Grenzen menschlicher Macht, auch wenn es Königsmacht ist, erkennen: »Wir haben den Herrn nicht gefürchtet, was kann ein König für uns tun« (10,3).

Zur Zeit des Propheten Hosea konnte man sich in Israel nicht über mangelnde Frömmigkeit beklagen. Doch Jahwe sieht auf den Grund; auch wenn sie sich äußerlich zu ihm bekennen, seinen Namen auf den Lippen führen, im Herzen tragen sie das Wesen des Baal. Sein Kult ist den Männern und Frauen in Fleisch und Blut gegangen; denn man zittert nicht, wenn man nicht liebt, was bedroht ist (10,5). Mögen die Götzenpfaffen noch jauchzen um das goldene Kultbild, es wird nach Assur wandern als Geschenk für den Großkönig. Das Land wird vernichtet: der König haltlos wie ein Span auf dem Wasser hin- und hergetrieben, verwüstet die Kulthöhen, Dornen und Disteln an heiliger Opferstätte. Es bleibt kein Ausweg, kein Gott zu dem man sich flüchten könnte. Der Schrei der Überlebenden fleht das Erdbeben herbei zur völligen Vernichtung: »Dann wird man zu den Bergen sagen: ›Bedecket uns!‹ und zu den Hügeln: ›Fallet über uns!‹« (10,8). Dieses apokalyptisch klingende Prophetenwort legt Lukas Jesus in den Mund, zwischen Urteil und Kreuzestod, letztes Wort an die Töchter Jerusalems. In der Geheimen Offenbarung (6,16) hören wir es vom Chor der Menschheit: Bedecket uns, ihr Berge, fallt über uns, Hügel; denn im Zorn Gottes kann der Mensch nicht leben.

ÜBER DIE SÜNDE VON GIBEA UND IHRE FOLGEN (10,9-15)

Auch die neue Rede setzt in der Vergangenheit ein. Die Schandtat von Gibea (vgl. zu 9,9) wirkt nach; die jetzige Generation ist nicht besser. »Völker« (10,10) werden kommen, im Auftrag Jahwes Strafe zu vollziehen, dem schandbaren Treiben ein Ende zu machen. Noch einmal wird auf den Glanz der ersten Begegnung Jahwes mit seinem Volk angespielt: Efraim war willig, die Jakobsöhne bereit zum Dienst; Verheißung stand über der ersten Zeit des Miteinanderlebens von Jahwe und seinen Erwählten. »Sät für euch in Gerechtigkeit, so werdet ihr ernten nach dem Maß der Liebe« (10,12). Wo Gottes Bundesrecht die Grundlage ist, wird das Maß der Liebe den Erfolg bestimmen. Wo Fortschrittsstreben und die Verwaltung der Erde auf ihn hin geschehen, wird er sein Heil ausschütten. Ist es für den Menschen unzumutbar, daß er sich auf dieses Angebot einließe? Die Realität beweist es: »Ihr habt Frevel eingepflügt und Verderbtheit geerntet, habt die Frucht der Lüge gegessen. Denn du hast auf deine Macht und deiner Krieger Menge gebaut« (10,13). Das Angebot von damals hat seine Geltung nicht verloren; ob auch das Gegenteil der Realität, die damals zum Gericht führte, dasselbe geblieben ist, haben wir zu prüfen.

Geschichte einer Liebe (11,1-11)

Der Ton dieser Gottesrede ist neuartig, anders als in den vorhergehenden Abschnitten. Jahwe selbst erzählt vom Drama unerwiderter Liebe: Sie reicht zurück bis zu den Anfängen, als Israel jung war. »Aus Ägypten rief ich meinen Sohn« — das Wort, mit dem Mattäus (2,15) die Anfänge Jesu deutet, steht in prophetischer Rückschau über der Jugend des Volkes, das Gott zum Vater hat und ihm Sohn ist. Jahwe ist der Vater seines Volkes, nicht Baal. Diesen ursprünglichen Beiklang der Aussage sollte man nicht völlig überhören. Doch von Anfang an wurde das Rufen und Locken des liebenden Gottes mißverstanden: »Mein Volk hat ja einen Hang zur Abkehr von mir« heißt es Vers 7. Doch was Israel, das erwachsene Volk, auch geworden sein mag im Lauf der Geschichte, nichts in ihm reifte und wuchs ohne die Fürsorge Jahwes: Ich hatte sie gehen gelehrt, auf die Arme genommen, mit menschlichen Banden gezogen, mit den Fesseln der Liebe, war ihnen wie Vater und Mutter, neigte mich zu ihnen, nährte sie (11,3-4). Dagegen steht das Verhalten des so gepflegten und gehätschelten Sohnes: Weglaufen, ausweichen, andere ›Väter‹ suchen, den Götzen dienen, dem Hang verfallen: Weg von dieser Fürsorge, Glück auf eigene Rechnung; das Urdrama der Generationen, das sich auch zwischen Gott und dem Menschen abspielt. Warum verläßt der Sohn den Vater, der doch für ihn da ist und ihm gut sein will? Woher die tiefwurzelnde Überzeugung, man könne anderswo, unabhängig, leichter zum Selbst und seiner Verwirklichung kommen?

Israels historischer Weg führte in die Sackgasse, nicht nur zum Verlust staatlicher Selbständigkeit, sondern schließlich dazu, daß das Volk als solches aufhörte zu existieren. »Assur wird sein König, weil man sich weigerte umzukehren« (11,5). Hier wird politisches Schicksal, wie es vielen Völkern vor und nach Israel widerfuhr, Jahre bevor es sich vollzog, gedeutet als Folge der Selbstherrlichkeit, der Abkehr von Jahwe. Solche Geschichtsschau läßt sich nicht auf der moralischen Ebene abtun: Hätten sie nicht gesündigt, wären die Assyrer nicht gekommen . . . Alle historischen Erfahrungen widersprechen dem. Auch das frömmste Israel wäre von den politischen Großmächten seiner Zeit überrollt worden. Die verfehlte Begegnung — man könnte, ein Wort Martin Bubers aufnehmend, von einer ›Vergegnung‹ sprechen — zwischen Gott und Mensch wird am Modell Israel demonstriert. Sie weist uns auf den rätselhaften, dem Menschen wesensgemäß anhaftenden Zug, der ihn nicht zur dauernden Übereinstimmung mit seinem Gott kommen läßt.

Wie soll es mit Israel weitergehen? Zorn gebietet, dies Volk auszulöschen gleich den Städten der Urzeit, Sodom und Gomorra, Adama und Zeboim (11,8). Das Prophetenwort macht uns zu Zeugen göttlicher Entscheidung. Sie fiel gegen jene Städte der Urzeit. Doch diesmal kehrt sich »Gottes Herz« um: »Nicht vollstrecke ich meinen brennenden Zorn . . . denn Gott bin ich und nicht ein Mensch, in deiner Mitte der Heilige. Darum komme ich nicht im Jähzorn« (11,9). Hier wird ein Merkmal für das Gott-Sein Gottes angeführt. Wäre ein Mensch dazu unfähig? Könnte nicht auch ein Mensch im letzten Augenblick blind lodernden Zornes plötzlich innehalten, den Überschwung zur Güte finden, die Solidarität mit dem eben noch Verdammten zum Durchbruch kommen lassen, eine Zukunft der Liebe öffnen? Gottes Liebe hat ihren Grund in seiner Heiligkeit, und der Heilige Israels will nicht Gericht für sein Volk. Er kann von seiner Liebe nicht lassen, und er kann von diesem Volk nicht lassen. Es muß eine gemeinsame Zukunft geben. Diese Zukunft wird unter dem Vorzeichen des Heils stehen, das wird am Beispiel Israels verdeutlicht: Sie werden hinter ihm herziehen, sie sammeln sich vom Westmeer, von Ägypten, von Assur. »Ich lasse sie heimkehren zu ihren Häusern – Spruch des Herrn« (11,11). Im wörtlichen Sinn hat sich dies Heilsbild nicht erfüllt. Israel ist nicht zurückgekehrt in seine Häuser. Doch das Volk, das Jahwe in seiner Liebe wählte, dessen Geschichte er teilte, hat er – aller Abkehr zum Trotz – als solches bewahrt bis zum heutigen Tag.

ÜBER JAKOB UND SEINE SÖHNE (12,1-15)

In dieser Spruchgruppe wird die Anklage gegen das damalige Israel mit dem Ahnvater Jakob verknüpft. Die Geschichte dieses unheiligen Patriarchen ist aus der Bibel bekannt (Gen 25-35). Die prophetische Rede greift Einzelzüge aus der Jakobsgeschichte heraus und deutet sie auf Israel.

Jakob der Zwilling hielt schon bei seiner Geburt die Ferse seines Bruders (Gen 25,26), als wollte er ihm damals schon das Vorrecht der Erstgeburt streitig machen; wir wissen, wie er sich später die Erstgeburt erkaufte und dem Blinden betrügerisch den Vatersegen ablistete. Er zog die Flucht der Auseinandersetzung mit dem Bruder Esau vor. Ehe er schließlich zurückkehrte, hatte er am Jabbok mit Gott zu kämpfen (Gen 32). Die ursprüngliche Überlieferung ist sich über den Ausgang des ungleichen Kampfes nicht klar: Jakob geht davon als Hinkender, doch ist er mit dem neuen Namen Israel ausgezeichnet. Einen der Männer, die den Prophetentext weitergaben, scheint die freie Interpretation des Hosea, der Jakob als besiegten Gnadenbettler sieht, gestört zu haben. So ist die dem Text (12,5) eingefügte Zeile, die von einem Sieg Jakobs weiß, zu erklären.

In Bet-El ist er dem begegnet (Gen 28,10-22; 35,1-4), den ein späterer Frommer als Herrn der Heerscharen preist (12,6).

Das Wort, das in der Nacht von Bet-El dem flüchtenden Jakob unter der Bedingung der Treue zu seinem Gott sichere Heimkehr verhieß, läßt sich auf die Situation des von Deportation bedrohten späteren Israel übertragen. – Zur Zeit Hoseas wiegt man mit falscher Waage und liebt das Unrecht.

Gegen solchen Vergleich erheben sich Einwände. »Ich bin reich geworden und habe mir ein Vermögen gewonnen« (12,9) – was soll daran

Unrecht oder Sünde sein? Mit solch oberflächlicher Selbstverteidigung täuscht sich Israel über die eigene Lage hinweg. Jahwe weiß es besser: Vielleicht würden sie, wenn sie wieder in Zelten wohnten, auf das Notwendige beschränkt, nur von einem Tag zum anderen rechnen könnten, frei von den Bindungen und der Unbeweglichkeit, die Besitz mit sich bringt, wieder fähig zur Gottesbegegnung wie damals, in den Anfängen ihrer Geschichte. Jahwe hat ihnen Propheten geschickt, voll seines Worts, das er ihnen zu hören gibt, darum kann keiner sich herausreden, er habe den Jahwewillen nicht gekannt. Darum werden die Propheten von Mose bis Hosea letztlich zu Richtern des Volks, sie entlarven den trügerischen Gottesdienst (12,12).

Noch einmal ist von Jakob die Rede; diesmal wird auf seinen Aufenthalt bei Laban angespielt (Gen 29). Sieben Jahre diente er als Hirt und bekam die unbegehrte schielende Lea zum Lohn, weitere sieben Jahre hielt er aus um Rahel, der Geliebten, willen. Für eine Frau machte sich Jakob zum Knecht. In dieser abwertenden Interpretation des Hirtenstandes muß man wohl eine Anspielung auf den Baalkult erkennen, der Israels freie Männer um der Frauen willen zu Knechten machte. So wird die Freiheit verspielt, in die Gott selbst sein Volk geführt hatte: »Durch einen Propheten hat der Herr Israel herausgeführt aus Ägypten, und durch einen Propheten wurde es gehütet« (12,14). Schuldig geworden ist Israel, Gott wird ihm heimzahlen.

AUSSCHNITTE AUS DEM SCHULDKONTO ISRAELS (13,1-14,1)

Vier Abschnitte aus dem Schuldkonto Israels werden dem Volk vorgehalten. Zunächst (13,1-3) ein Gerichtswort gegen den Baalkult: Sie machen sich Bilder, opfern ihnen, küssen Kälber . . . Darum sollen sie vergehen, zerstreut werden und erfahren, wie machtlos ein von Menschenhand gemachter Gott, ein Gott nach dem Bild des Menschen ist. Vielleicht mag der festgefahrene Kult eines fixierten und zum Funktionieren verurteilten Gottes in Zeiten satter Selbstzufriedenheit genügen, die religiösen Bedürfnisse zu befriedigen, jede innere Beunruhigung fernzuhalten. Doch wer je ein »Kalb geküßt« (13,2) — man täusche sich nicht, auch heute noch werden Götzen verehrt! —, muß erfahren, daß er in der Not allein steht, denn das Kalb ist nur »da« für den

Menschen, solange der Mensch für das Kalb da ist. Geht der Mensch einen Schritt weiter, bleibt das Bild zurück, ein toter Gegenstand; der Nächste fragt, wozu er nütze.

In der folgenden Versgruppe (13,4-8) wird die ganze Geschichte von Erwählung und Abfall des Volkes in wenigen Sätzen zusammengefaßt: Jahwe stellt sich vor als der Gott, zu dem Israel sich bekennt: Ich bin dein Gott von Ägypten her, keinen anderen sollst du kennen (13,4). So hat es das Volk im Ohr und im Herzen seit dem Sinai. Freude, Sorge und Segen standen über der Anfangszeit, der harte Wüstenaufenthalt gilt als die Zeit des Glücks. Und wieder kommt der Punkt, an dem der völlig unerklärliche Bruch eintrat: Als sie satt geworden waren, überhob sich ihr Herz; das Verhältnis zwischen Gott und seinem Volk zerbrach; sie vergaßen ihn. Hier ist mehr beschrieben als die nur allzumenschliche Erfahrung schnöden Undanks. Es geht nicht nur darum, daß Israel der Wohlstandskrankheit erlegen wäre und den vergessen hätte, dem es diesen Wohlstand verdankt. Zwischen Jahwe und seinem Volk bestehen tiefere Bande. Er kann von dem Volk, das er ins Leben gerufen hat, nicht lassen. Wenn er sein Volk nicht mehr weiden kann als seine Herde, wird er die Rolle wechseln; der Hirt wird zu Löwe und Panther, zum bedrohenden Raubtier (13,7).

In neuem Ansatz (13,9-11) spricht Gott direkt zu Israel. Wer ist für ein Volk verantwortlich in Tagen der Not? »Wer kommt dir zu Hilfe?« (13,9). Zunächst denkt man an die Regierung, den König. Er ist von Amts wegen verpflichtet, Feinde und Gefahren abzuwehren — doch wenn dieser Feind Jahwe heißt, nützt die mächtigste, diplomatischste und waffengewaltigste Regierung nichts. Vielleicht war zu der Zeit, als dies Wort gesprochen wurde, Samarias letzter König Hoschea ben Ela schon vom Assyrer Salmanassar V. gefangen und deportiert. Doch die damaligen Mißstände im Königtum sind nicht das eigentlich zu Tadelnde. Das Übel sitzt tiefer: von Anfang an war es nichts mit dem Königtum, von Anfang an war es ertrotzt, ein im Zorn zugestandenes Experiment, mißglückt, im Grimm abgebrochen.

Noch einmal (13,12-14,1) prasseln Anklagen: Efraims Schuld ist gesammelt, gebündelt und verwahrt, alles bereitgelegt für ein Gericht ohne Verzug. Israel wird dem Kind verglichen in der lebensbedrohenden Phase der Geburt. Die Wehen entstehen dadurch, daß das geburtsreife Kind wegen des allmählich auftretenden Sauerstoffmangels hinausdrängt. Es kämpft um sein Leben. Hosea war kein Geburtsphysiologe, aber er fühlte, daß in Israel die natürlichen Lebensinstinkte in der Stunde der Entscheidung versagten. Dabei wollte Jahwe retten, aus der Unterwelt herausreißen, vom Tod befreien, Seuchen und Plagen fernhalten. »Wo wären dann deine Seuchen, o Tod; wo wäre dann dein Stachel, du Unterwelt? Doch Mitleid verbirgt sich meinen Augen« (13,4). Hören wir hier die Stimme desselben Gottes, der fragt: »Wie könnte ich dich hingeben« (11,8)? Ist dieser wütende Gott, der die Tod-Feinde des Menschen aufruft, derselbe, der Liebe aus freiem Antrieb zusichert (14,5)? Jahwe ist persönlich engagiert an der Geschichte Israels. Er streitet mit sich selbst: Soll er diese Menschen, die ihm die Liebe weigern, auslöschen? Soll er Tod und Unterwelt entmachten, um sie zu retten? Soll er sich aus Mitleid entscheiden?

Man würde dem Buch des Propheten Hosea nicht gerecht, wollte man diese Gottesreden, die uns einen anderen, einen menschlichen Gott zeigen, abtun mit dem Gedanken: Ein Gott, der mit sich selber kämpft, der unsicher ist, der Wut, Zorn und zarte Zuneigung kennt, kann nicht der Heilige, Große, Ganz-Andere, der Herrliche und Unveränderliche sein. Wir haben uns angewöhnt, von Gott nur noch in vorgeprägten heiligen Formeln zu sprechen. Damit haben wir einen Schutzwall um ihn gebaut, ihn vor Verunehrung gesichert; aber gleichzeitig haben wir uns getrennt von der Begegnung mit dem Lebendigen, der ruft, fordert, um den Menschen ringt und in aller Menschengeschichte die Finger im Spiel hat.

Paulus nimmt das Hoseawort (13,14) auf, trennt es vom ursprünglichen Kontext und macht es zur sieghaften Aussage der Osterbotschaft: »Verschlungen ist der Tod im Sieg! Tod, wo ist dein Sieg? Tod, wo ist dein Stachel?« (1 Kor 15,54f). Paulus spricht von der Todesmacht der Sünde, der Prophet Hosea von der Macht der aus dem Osten heranstürmenden assyrischen Krieger: »ein Sturm des Herrn« (13,15). Brunnen versiegen, Quellen vertrocknen, es gibt keine Gegenwehr, der Reichtum fällt in die Hände der plündernden Feinde. Samaria, die Hauptstadt, wird belagert und erobert. Wer vom Schwert der Feinde getroffen wird, stirbt den leichteren Tod; Kinder werden zerschmettert, Schwangere aufgeschlitzt im grausamen Trieb, dies Volk bis aufs Letzte auszurotten.

WORTE VON UMKEHR UND HEIL (14,2-9)

Das Prophetenbuch endet nicht mit den Bildern des Gotteszorns und des Gerichts. Ein späterer Theologe hat einen Ausschnitt aus der Bußliturgie an das Ende des Buches gestellt im Wissen darum, daß das Gericht nicht das letzte Wort Gottes sein kann, sondern: »Heilen will ich ihre Abkehr, sie lieben aus freiem Antrieb!« (14,5).

Am Anfang steht die Aufforderung zur Umkehr. Das Gericht ist vorüber. Ein Neuanfang wird eröffnet. Was hat das Volk anzubieten? Was können Menschen vorweisen, wenn sie sich aus der verschuldeten Katastrophe Gott zuwenden? Sie kommen mit leeren Händen, ohne Leistung, nur mit der Bitte: »Nimm ganz hinweg die Schuld« (14,3), und der Bereitschaft, neu zu denken und zu werten: »Assur soll uns nicht retten« (14,4). Keine Macht der Welt, kein Kriegerheer soll Zuflucht und Hilfe sein, Jahwe kann retten, seiner Rettermacht liefert das Volk sich aus. ». . . und nie mehr sagen ›unser Gott‹ zum Machwerk unserer Hände« (14,4) — kein Baal mehr, kein Götzenbild, kein Gott nach dem Bild des Menschen, kein manipulierbarer Gott, dem man Opfer bringt, um die von ihm geschuldete Hilfe fordern zu können. Ein freier Gott, der den Verwaisten Erbarmen schenken kann, ohne daß ein Anspruch auf dies Erbarmen besteht.

Auf dies Bekenntnis folgt die Zusage Gottes: »Heilen will ich ihre Abkehr, sie lieben aus freiem Antrieb« (14,5). Göttliche Liebe wird hier zugesagt, aus innerer Initiative, ohne Berechnung, ohne Gegenforderung. Jahwe kommt nicht mehr wie der trockene, alles Leben tötende Wüstenwind, er kommt wie Tau vom Himmel, belebend und Leben weckend; Frühling bricht aus, Korn wird wachsen und Wein wird reifen. Die Zeit des Heils wird geschildert nach den Wunschbildern von Bauern. Und darauf die letzte Zusage: »Ich bin wie der grünende Wacholder, an mir ist deine Frucht zu finden« (14,9). Jahwe selbst — ich bin — der Lebensbaum! Bei ihm findet der Mensch seine Frucht, bei ihm menschliche Welt und heiles Leben.

DAS NACHWORT (14,10)

Ein später Leser und Deuter des Prophetenbuches hat diesen Vers angehängt. Er sitzt nicht zu Füßen des Künders, er hat es mit dem Wort heiliger Schrift zu tun. Er ist in unserer Lage und gibt mahnenden Rat. Was er im Prophetenwort fand, faßt er in dem Satz zusammen: »Gerade sind die Wege des Herrn: Die Gerechten gehen darauf, die Abtrünnigen aber kommen zu Fall.«

Diesem letzten Wort möchte man widersprechen; denn wenn etwas am Propheten Hosea überrascht und nachdenklich macht, so sind es die ›krummen Wege‹, die Gott geht, lockend, drohend, mit sich selber und ebenso mit den Menschen ringend. »Gerade«, zielstrebig könnte man dies einseitige Ringen um die Wiederherstellung des rechten Verhältnisses zwischen Gott und Mensch bezeichnen. Gott kämpft nicht für sich, er kämpft nicht nur um die eigene Ehre, um die Durchsetzung seines Willens. Er kämpft um den verblendeten Menschen, um Ordnung und Bestand einer zum Guten geschaffenen Welt.

AMOS

FÜR DAS RECHT DES MENSCHEN

AMOS — JAHWE TRÄGT

Amos ist der früheste Prophet Jahwes, von dem uns eine Sammlung von Worten in einem biblischen Buch überliefert ist. Aus Tekoa, im Südreich Juda, stammend, trat er in der Zeit Jerobeams II. (787-747) im Nordreich Israel mit seiner Botschaft auf.

Damals erlebte Israel eine Zeit des Wohlstandes, des blühenden Handels, der außenpolitischen Sicherheit, des Friedens; wenn auch ein aufmerksamer Beobachter der politischen Konstellationen die vom aufstrebenden Assyrien her drohende Gefahr bemerken konnte.

Amos tritt an den Kernpunkten des Geschehens auf: in der Reichshauptstadt Samaria und am Reichsheiligtum Bet-El. Er spricht eine in gedankenloser Selbstsicherheit dahinlebende Oberschicht an. Der Handel blüht, die Geschäfte gehen, der Wohlstand mehrt sich, die Bilanzen stimmen, wer sollte sich Sorgen machen? Gerade im Handel und in den Städten sieht Amos die Keimzellen des Verderbens; im Reichtum, der immer mehr will, Macht gibt und zur Unterdrückung der Armen führt, sieht er die unmittelbare Gefährdung der sozialen Struktur eines bäuerlichen Landes. Der freie Bauer gerät in Abhängigkeit, sein Stand wird mißachtet, er kommt in die Fesseln der Kapitalwirtschaft. Erhebt Amos, selber Bauer, nun den Ruf nach einer Landwirtschaftsreform? Tritt er für die Wiederherstellung des früheren Stämmebundes ein? Wußte Amos nicht, daß die Umgestaltung der gesellschaftlichen Struktur des Landes nicht aufzuhalten war?

All diese Fragen stehen für den Propheten nicht im Vordergrund. Amos kämpft für die gottverbürgten Menschenrechte gegen alle gesellschaftlichen, sozialen und kultischen Ordnungen, die Menschen errichten, um in ihre Gewalt zu geraten. Er kämpft um den Bestand der unmittelbaren Beziehung zwischen Gott und dem Einzelnen; er will diese Beziehung freihalten von der Gängelung, der Regelung durch Kult und Priesterschaft; er kämpft für die Freiheit Gottes wie für die Freiheit des Menschen, um ihnen die Begegnung zu ermöglichen.

Seine Rede ist lebendig, zupackend. Er spricht von Jahwe, doch nicht im ehrfürchtigen Kanzel- und Theologenton. Ungewohnte Gottesbilder treten uns entgegen: der Gott, der wie ein Löwe brüllt, der vernichtet, den roten Hahn auf die Dächer setzt, mit dem Lot auf einer Mauer steht . . .

Redeweise und Botschaft des Propheten passen nicht in die damalige Zeit, denn er kündet Gericht und nur Gericht in einer Zeit des Fortschritts. Alles schien zu stimmen. Die notwendigen Opfer auf dem Weg in die bessere Zukunft fielen nicht ins Gewicht (wo Große planen, gibt es immer Kleine, die unter die Räder kommen), man konnte sich optimistischen Zukunftsträumen hingeben, denn der Erfolg trug zur Selbstbestätigung bei. Durfte man in solcher Lage nicht auch von Gott die Anerkennung, das Ja zur menschlichen Leistung erwarten? Amos kündet Jahwes entschiedenes Nein. Sein Auftreten provozierte Unruhe und Gegnerschaft, auch wenn wir nur ein einziges Mal (beim Zusammenstoß des Propheten mit dem Priester Amazja, Am 7,10-17) die Reaktion direkt erfahren.

Die Erfüllung der Gerichtsbotschaft mag man in der Katastrophe erkennen, die fast 40 Jahre später (722 v. Chr.) hereinbrach, als die Assyrer Samaria eroberten, die Bevölkerung in die Verbannung führten und der Staat Israel aufhörte zu existieren. Uns sind die Worte dieses Propheten erhalten. Judäische Priester- und Theologenkreise (vgl. S. 6f) haben dafür gesorgt, daß sie in der geschichtlichen Katastrophe nicht verlorengingen. Wir hören und lesen die Worte des Propheten losgelöst von der Situation, in die sie ursprünglich zielten, die einzelnen Abschnitte sind oft ohne Übergang aneinandergereiht; zum Teil mag man Erklärungen und Ergänzungen erkennen, die Amosschüler und spätere Bearbeiter erklärend und weiterführend eintrugen. Doch diese Prophetenreden bewahren — obwohl sie gewiß ganz und gar in die damalige Situation hineingebunden bleiben — Prägnanz und Kraft der Forderung, der man sich schwer entziehen kann.

WORTE DES AMOS AUS TEKOA (1-6)

ÜBERSCHRIFT (1,1-2)

»Worte des Amos, eines Schafzüchters aus Tekoa, über Israel. Er empfing sie in Gesichten in den Tagen, als Usija König von Juda war, und

Jerobeam, der Sohn des Joasch, König von Israel, zwei Jahre vor dem
Erdbeben.«

Diese Überschrift wurde von einem Späteren formuliert. Sie sagt, was
das folgende Buch bringt: Worte eines Schafzüchters, der aus dem heutigen Chirbet Tequa am Rand der Wüste Juda, 20 km südlich von
Jerusalem stammt. Er heißt Amos, d. h. »Gott trägt«, oder »Gott hat
(eine Last) aufgeladen«. Amos war, gleich ob er als Oberhirt der Tem-
pelherden und Opferbeschauer zum Kultpersonal gehörte oder selb-
ständiger Schafzüchter war, gewiß kein ungebildeter oder unbedeutender Mann. Er hat diese Worte »geschaut« – Worte schaut man nicht,
man schaut Visionen (vgl. zu Kap. 7-9). Hier soll gesagt sein, daß
Amos das, was er sagt, nicht erfunden hat; es war ihm vorgegeben.
Er bekam seine Botschaft aufgeladen in einer genau abgegrenzten
Zeit: Usija war von 784-746 v. Chr. König über das Teilreich Juda
mit der Hauptstadt Jerusalem. Jerobeam, sein Haus ist 7,9 direkt
angesprochen, regierte von 787-747 im Nordteil Israel mit der
Hauptstadt Samaria. Das Erdbeben muß für den Sammler der Amos-
worte von großer Wichtigkeit gewesen sein. In Hazor ausgegrabene
Ruinen, die in die zweite Hälfte des 8. Jhdts. v. Chr. datiert werden
können, könnten auf dies Erdbeben hinweisen.

Soviel erfahren wir von der Person des Propheten: Ein Schafzüchter
aus Tekoa, der um 760 v. Chr. Worte schaute, die sich auf Israel be-
ziehen. Wir erfahren nicht, in wessen Auftrag er kommt; das Wort
Jahwe erscheint nicht in der Überschrift. Wir erfahren nichts von seiner Berufung, die den Schafzüchter zum Propheten machte, den Mann
aus dem Südreich in das Nordreich sandte. Was hat dieser Schafzüchter zu sagen, das seinen Worten einen Platz in der Bibel verschaffte?

»Er sprach: Der Herr brüllt vom Zion her, läßt aus Jerusalem seine
Stimme erdröhnen. Da welken die Triften der Hirten, der Gipfel des
Karmel verdorrt« (1,2).

Hier spricht zwar Amos, doch die Worte sind ihm von einem in den
Mund gelegt, der vom Südreich, von Jerusalem her denkt und die Botschaft des Propheten zusammenfaßt (vielleicht als Einleitung einer kultischen Lesung): Vom Zion her brüllte Jahwe, von Jerusalem dröhnt
seine Stimme.

Jahwe, der Herr der Himmel, wohnt auf dem Zion, dem Tempelberg
in Jerusalem. Diesen Ort hat er geheiligt, auf ihn hat er seinen Namen

gelegt. Er ist der Gott, von dem der Prophet Elija erfahren hat, daß er nicht im Feuer ist, nicht im Beben oder im Sturm, sondern im zartesten Säuseln (1 Kön 19,10-14). Wie kommt Jahwe zum Brüllen? Das Bildwort kann nur von den Umweltvorstellungen her verstanden werden. Seit Jahwe mit seinem Volk nach Kanaan kam, in das Land des Baal, hat der Kampf nicht aufgehört. In Kanaan dachte man selbstverständlich, daß Zeugen und Gebären der Götter dem Lande Fruchtbarkeit und den Menschen Segen schenken. Jahwe gleicht nicht Baal, dem Gott des Gewitters und der Fruchtbarkeit (vgl. S. 8f). Und doch ist er Herr des Lebens. Doch auf welche Weise bringt er Leben und Fruchtbarkeit hervor? Die biblischen Theologen lösen das Problem durch die Aussage: Jahwe schafft durch die Macht seines Wortes; Gott sprach — und es ward (Gen 1). Wie er durch die Macht seines Wortes Nichtseiendes ins Sein ruft, so vernichtet er durch die Macht seines Wortes: Er brüllt vom Zion her. Das heißt auch: nur auf dem Zion wird ihm auf die rechte Weise gedient. Von Jerusalem dröhnt das Gerichtswort nach Samaria.

Die Folgen des vernichtenden Wortes lassen nicht lange auf sich warten: Die Weidegründe der Hirten welken, der waldige Gipfel des 500 Meter über dem Meer aufragenden Karmel mit seinen fruchtbaren Hängen verdorrt. Nicht der Tod des Baal — in jährlicher Feier begangen — verdirbt das Land, bedroht den Existenzraum des Menschen. Jahwes Stimme ist es, die Unheil verhängt. Amos bringt eine Botschaft Jahwes vom Zion — sie bedeutet Tod.

Jahwe — Gott und Richter der Völker (1,3-2,16)

Das Buch des Propheten Amos beginnt mit einer längeren Rede. In ihr sind, in beinahe gleicher Abfolge, eine Reihe von Gottessprüchen gegen kleine Nachbarvölker Israels aneinandergereiht. Die Rede schließt mit einem Spruch gegen Juda und Israel.

Wir wissen nicht, bei welcher Gelegenheit Amos diese Rede gehalten hat. Man kann sich als Schauplatz das königliche Heiligtum in Bet-El vorstellen, wo Israels Staatsvertreter sich regelmäßig versammelten, um Jahwe für die geglückte Politik zu danken. Vermuten kann man auch, daß Vertreter der angesprochenen Völkerschaften anwesend waren; denn die Propheten verfassen keine allgemein gültigen Manifeste, ihr Wort trifft in eine bestimmte Situation, mißt sie am Willen Jahwes und stellt eine Gegenüberstellung her, die drängende Entscheidung fordert.

Die Gerichtssprüche betreffen zunächst Israels Nachbarn. Man mag in Israel nicht ungern gehört haben, daß der Prophet Gottes Zorn über die Frevel der anderen kündete, solange man sich selber im Schutz seines Segens wissen durfte. Um so schwerer muß die Anklage gegen das eigene Volk, mit der die Rede endet (2,4-16), die Heils- und Erwählungssicheren getroffen haben.

Diese Gottesbotschaft des Propheten ist des Nachdenkens wert. Jahwe ist der Gott Israels — Israel ist Jahwes Volk. Darüber gibt es keinen Zweifel. Jahwe ist den Vätern begegnet. Er hat die Josefsöhne aus der ägyptischen Knechtschaft befreit, in der Wüste sind sie zu seinem Volk geworden und mit ihm als Gott in das versprochene Land gekommen. Israel kennt Jahwe, weiß, was er fordert, wie man ihm dient. Jahwes Gericht über Israels Verfehlungen ergeht zu Recht.

Doch wie steht es mit den anderen Völkerschaften? Kann Jahwe Völker richten, die nicht wie Israel seinen Namen (und damit sein Wesen) kennen und anrufen? Kann Jahwe Völker richten, die sich nicht zu ihm bekennen? Wie kann er ihnen ein gerechtes Urteil sprechen, wenn sie anders zu ihm stehen als Israel, das Gottesvolk, das seit der Väterzeit sein Wirken erfahren hat und also auf eine lange Glaubensgeschichte mit ihm zurückblicken kann? Wie kann dieser Gott von den Völkern erwarten, daß sie ihm recht dienen, wenn sie seinen Willen, sein Wesen nicht kennen?

In der Völkerrede des Propheten Amos ist vorausgesetzt, daß Jahwe der Herr aller Völker ist. In ihr ist vorausgesetzt, daß die Völkerschaften seinen Plan und Willen kennen müßten, daß er ein Recht zum Gericht über sie hat, auch wenn sie andere Namen kennen und andere Weisen des Dienens.

Was ist der Wille Gottes, den diese Völker (sie mögen Modell für andere sein) kennen müßten? Das wird aus den Anschuldigungen, die gegen sie erhoben werden, deutlich. Jahwe erhebt Anklage. Das Urteil, das er spricht, mißt sich nicht am Kult, am Gottesdienst, an den ersten drei Sätzen des Zehngebots, sondern am politischen und sozialen Miteinanderleben der Völker. Die Völker werden nicht wegen dem, was wir »Sünden gegen Gott« nennen, verurteilt und bestraft, sondern wegen ihrer Sünden gegeneinander. Gott fordert von ihnen das Wissen darum, daß sie brüderlich miteinander leben sollen, daß Friede ihr Verhältnis zueinander bestimme, daß einer dem anderen sein Lebensrecht nicht beschneide. Der Gott, den Amos kündet, fordert und erwartet, daß jeder diese Ordnung kenne, die er für die Völker plant. Dabei handelt es sich nicht um Gesetze, die beschlossen und auferlegt werden, damit man sich an sie halte, sondern um Satzungen, die jeder Mensch, weil er ein Mensch ist, im innersten Herzen weiß. Vergeht sich der Mensch als einzelner wie als Volk gegen dies Wissen, verfällt er dem Urteil Gottes.

Achtmal ergeht das Gerichtswort im selben stilisierten Rhythmus: So spricht Jahwe — ›der Herr‹ . . . Dieser Satz ist geprägt. Er gehört zum damals üblichen Wortschatz politischer Verständigung. Ein Abgesandter beginnt seine Botschaft mit ähnlichen Worten (so spricht NN = Botenformel); sie finden sich auch zu Beginn von Briefen, die sich mit Angelegenheiten der Verwaltung oder der Diplomatie befassen. Mit dieser Formel legitimiert sich der im Auftrag eines Höheren sprechende Bote oder Beamte. Amos ist der erste, der sich so als Bote Jahwes vorstellt.

Angesprochen sind zunächst Nachbarn Israels: Damaskus, Gaza, Tyrus, Edom, die Ammoniter, Moab; Stadtstaaten und Völkerschaften, die damals für Israel eine Rolle spielten. Sie alle sind vom Sturm der Geschichte weggeweht; Namen, die sich für uns mit Ruinen oder mit der Geschichte Israels verbinden. Doch damals waren sie für Jahwe wichtig, er hatte ihnen etwas zu sagen, das sie selber und ihr Geschick betraf. Jahwes Prophet hält ihnen ihre Freveltaten vor. Sie bleiben nicht im unklaren darüber, wer sie richtet und warum sie gerichtet werden. »Wegen der drei, ja vier Freveltaten nehme ich es nicht zurück« — mit dieser gleichbleibenden Einleitungsformel beginnt jeweils der Spruch. Das heißt: Zweimal schon wurde das Urteil aufgeschoben, nun ist das Maß voll, nun ergeht Gericht.

Damaskus (1,3-5), die Hauptstadt des Aramäerreiches, mit dem die Nordstämme oftmals in Kleinkriege verwickelt waren, ist angeklagt wegen mörderischer Kriegführung in Gilead, die mit Dreschschlitten, versehen mit eisernen Messern, verglichen wird. Jahwe selbst wird das Haus des Königs in Brand stecken und erobern; er wird die Paläste, die Reichtum und Sicherheit garantieren, zerstören; er wird die Riegel der Stadttore, hinter denen sie sich verschanzen, sprengen, die führenden Männer von Bikat-Awen (Götzental) und Bet-Eden (Lusthaus) deportieren. Diese Namen weisen darauf hin, daß es sich eher um eine allgemeine Charakteristik der Bewohner denn um geographisch festlegbare Orte handelt. Die Bewohner werden vertrieben, zurück nach Kir, dem Land, aus dem sie Jahwe herausgerettet hatte (Am 9,7), wie er die Israeliten aus Ägypten rettete.

Gaza (1,6-8) steht stellvertretend für das Philisterreich. Goliat, der Jahwe verhöhnende Riese, ist ein Urtyp seiner Bewohner. Die Anklage lautet auf Menschenraub. Ganze Scharen gefangener Israeliten wurden durch die Philister an Israels Erbfeind Edom verschachert. Darum fliegt der Feuerpfeil über Gazas Mauern; die Philisterstädte Aschdod, Aschkelon und Ekron entgehen der Vergeltung nicht; kein Rest der Philister bleibt.

Tyrus (1,9-10), die berühmte phönizische Handelsmetropole, steht an nächster Stelle. Die Anklage lautet gleich wie jene gegen Gaza; dazu kommt Vertragsbruch. Auch die Strafe kann nicht anders sein.

Edom (1,11-12) trifft das Gericht nun unmittelbar. Die Streitigkeiten zwischen den Edomitern, die sich auf den Jakobbruder Esau zurückführen, und den Israeliten stammen aus jener Frühzeit, da die Edomiter den aus Ägypten fliehenden Stämmen den Durchzug durch ihr Land verweigerten (Num 20,14-21); sie dauern noch in der Zeit nach der babylonischen Eroberung (587 v. Chr.), als sie sich an wehrlosen Flüchtlingen vergingen (Ez 35,5f). Teman und Bozra, zwei Städte, werden im Urteilsspruch namentlich genannt.

Die Ammoniter (1,13-15) waren südöstliche Nachbarn Israels. Gleich Damaskus werden auch sie wegen unmenschlicher Kriegführung angeklagt, wegen der Tötung wehrloser Mütter und ungeborener Kinder im Verlauf eines Feldzugs, der auf Machterweiterung aus war. Darum läßt Jahwe die Hauptstadt Rabba (die Große) zerstören, den König samt seinen Höflingen in die Verbannung führen.

Moab (2,1-3) war ein den Ammonitern verwandter Volksstamm (Gen 19,37f). Die Anklage ergeht wegen Hasses, der sich noch am Leichnam des Edomiterkönigs rächt. Darum zieht Jahwe selbst gegen die Moabiter zu Feld, zerstört die fürstlichen Paläste in Kerijot, vernichtet das Volk, den König, die Mächtigen.

Juda (2,4-5), das Brudervolk, dem Amos entstammt, steht an nächster Stelle. Die Anklage gegen Juda wurde zu späterer Zeit in die Siebenerreihe der Völkersprüche des Amos eingetragen. Dem Verfasser dieses Spruchs ging es nicht darum, Juda in eine Reihe mit den angeklagten Völkern zu stellen. Er wollte vielmehr Juda von dem nachfolgenden Israelspruch (2,6-16), der ursprünglich das ganze Gottesvolk meinte, distanzieren. Die dreifache Anklage gegen Juda liegt denn auch auf einer anderen Ebene. Es handelt sich um Vergehen gegen den anklagenden Gott: seine Weisung verworfen, seine Satzungen mißachtet, sich von Lügengöttern irreführen lassen. Darum frißt das Feuer Jahwes die Paläste Jerusalems.

Israel (2,6-16) trifft am Ende der Rede die ausführlichste und härteste Anklage. Unter den Zuhörern des Amos stellten die Israeliten gewiß das Hauptkontingent. Mögen diese Zuhörer bisher gleichgültig, vielleicht sogar befriedigt gewesen sein (es ist ja immer beruhigend, zu hören, daß Gott die Frevel der anderen bemerkt und bestraft), so sehen sie sich nun direkt angesprochen, in dieselbe Reihe gestellt. Israel wird neben anderen Völkerschaften genannt, und doch unterscheidet sich die Anklage von den Gerichtssprüchen gegen die Völker. Nun geht es um das Volk, das Jahwe erwählt hat, damit es sein Volk werde, seine Weisung verwirkliche, Gottesvolk als Modell unter den Völkern der Erde.

Die Anklage geht ins einzelne: Verkauf Unschuldiger und Wehrloser in die Schuldsklaverei; wegen einer Bagatelle — es geht um ein Paar Sandalen — wird der Bruder verkauft; Unterdrückung und Rechtsbetrug der Armen; Sohn und Vater haben dieselbe Geliebte. Für diesen letzten Anklagepunkt gibt es im Gesetz des Alten Testaments keine Weisung. Vielleicht handelt es sich um ein in der Volksmoral der Kreise um Amos verpöntes Sexualvergehen; vielleicht darum, daß der Sohn in die Besitzsphäre des Vaters eingreift (vgl. Dtn 27,20). Die Annahme, Amos stoße sich daran, daß der verheiratete Vater das Liebesverhältnis seines Sohnes störe, dürfte kaum wahrscheinlich sein. Die Schuldliste geht weiter: Gepfändete Kleider, die nach dem Gesetz am Abend zurückzugeben sind (Ex 22,25), werden einbehalten; Gelage neben dem Altar, finanziert mit erpreßten Straf- oder Bußgeldern. Die Anklage steht. Dazu kommt ein erschwerender Umstand: Diese Vergehen Israels stehen nicht im geschichtslosen Raum; die Taten Israels sind zu messen an den Erfahrungen, die das Volk mit seinem Gott gemacht hat. Jahwe selber hält Israel den Spiegel vor, er redet die Versammlung direkt an im wiederholten »Ich« der Selbstaussage: Ich habe die Amoriter vernichtet (2,9); ich bin es, der euch aus dem Land Ägypten herausgeführt und in der Wüste vierzig Jahre geleitet hat (2,10); ich habe aus euren Söhnen Propheten erweckt und Geweihte aus euren jungen Männern (2,11). Ihr aber gabt den Geweihten, denen, die sich von Alkohol enthalten, Wein zu trinken, und den Propheten habt ihr geboten: »Kündet nicht« (2,12). Darum wird sich der Boden unter Israels Füßen spalten, der feste Grund wird trügerisch, bisher übliche Verhaltensweisen führen nicht mehr weiter; Orientierungen, die als zuverlässig galten, führen in die Irre, Panik bricht aus. Nicht der Sportlichste, nicht der Stärkste, nicht der Beweglichste vermag sich zu retten; »selbst der Tapferste unter den Kämpfern flieht nackt an jenem Tag — Spruch des Herrn« (2,16).

Die erste Rede des Propheten Amos endet mit apokalyptischen Schreckensbildern »jenes Tags«, da Gott kommen wird. Kein Wort läßt erkennen, daß der Prophet oder sein Auftraggeber mit einer Änderung der Verhältnisse, mit ›Umkehr‹ rechnen; hier handelt es sich nicht um eine pädagogische Mahnung, sondern um das Fazit: Die Frist ist abgelaufen.

Was ist das für ein Gott, der durch den Mund des Amos zu Wort kommt? Amos hat ihn selbstverständlich als den Herrn aller Völker gekündet, als den, der die Antwort auf die Frage nach dem Sinn der Völkergeschichte kennt und Maß an menschliches Verhalten legen kann. Er urteilt über alle Völker: über den Vernichtungskrieg der Aramäer, die Massendeportationen und Vertragsbrüche der Philister und Phönizier, die Vergeltungspolitik Edoms, den Mord Ungeborener durch Ammon, die Leichenschändung Moabs; die Mißachtung der Gottesweisung, Abfall und brutale soziale Mißverhältnisse in Juda und Israel, dem Volk, das ihn kennt. Er stellt sich auf die Seite der im sinnlosen Krieg Getöteten, der Deportierten, verteidigt die Opfer blinder Rache, die Wehrlosen, die sozial Unterdrückten. Regierungen, Könige, Völker und einzelne ziehen sich durch ihr Machtgebaren, ihren Egoismus, dem sie andere opfern, selber das Gericht zu. Ein Gericht, das nur Vernichtung sein kann; denn jedes Volk, das sich am Menschen vergeht, arbeitet an der Selbstvernichtung. Dies gilt nicht nur den Völkern, sondern auch dem Volk, mit dem Gott sich verbündet hat, dem er die Aufgabe anvertraute, menschlich so zu leben, wie es der göttlichen Sinngebung entspricht; Gottes Traum vom Reich der Nächstenliebe zu verwirklichen.

Wir haben es nicht leicht, eine solche Predigt zu verstehen: Gott als rächendes Gegenüber der Völker; einer, der mit Feuer und Vernichtung für sein Recht kämpft; Richter aller Völker. Einer, der »über« dem Menschen steht, der von »außen« her kommt und die Geschichte lenkt, Geschichte macht. So bezeugt uns die Bibel das Wirken Gottes. Wir erfahren ihn oft anders: »im« Menschen, »in« den Völkern und ihrem Geschick, das sie sich selber erwirken mit allen Erfolgen und Niederlagen, Fortschritten und Rückschlägen, die Bibel würde sagen: mit Segen und Gerichten.

Doch erfahren wir einen anderen Gott? Können wir unser Verhalten, unsere Politik, die Expansionskriege, die Vernichtungslager, die Massendeportationen, die Hungerblockaden, die soziale Ungerechtigkeit, an einem anderen Maßstab messen, als der Prophet es tut? Entscheidet sich nicht auch für uns am Krisenfall des Kriegs, am Verhalten zum sozial Unterdrückten nicht nur die Gegenwart, sondern die Zukunft eines Volkes?

ISRAELS ERWÄHLUNG (3,1-2)

Die folgenden vier Kapitel stehen unter dem großen Thema der Anklage gegen Israel. Sie bildeten, ehe sie dem Buch des Propheten Amos eingefügt wurden, eine eigene Sammlung. Das läßt sich an ihrem Aufbau erkennen. Drei Spruchreihen, jeweils beginnend mit der Formel »Höret dies Wort« (3,1-15; 4,1-13; 5,1-17) sind aneinandergereiht; danach folgen zwei Wehrufe (5,18-27; 6,1-14). Auch hier begegnet uns das Prophetenwort nicht in der ursprünglich knappen Form; immer wieder lassen sich deutende Zusätze und Bearbeitungen Späterer erkennen.

»Hört dieses Wort,
ihr Söhne Israels, das der Herr über euch gesprochen hat,
über das ganze Geschlecht,
das ich heraufgeführt habe aus dem Land Ägypten.

Nur euch habe ich erkoren aus allen Geschlechtern der Erde,
darum strafe ich an euch all eure Vergehen« (3,1-2).

Der Prophet spricht ganz Israel an; alle, die zu denen gehören, die
Jahwe aus Ägypten befreite — mitten im Satz wechselt der Redende,
Jahwe selber spricht und begründet: Nur euch habe ich erkoren aus
allen Geschlechtern der Erde . . . Israel war sich von Anfang seiner
Geschichte an dieser Erwählung bewußt. Jahwe hat dies Volk heraus-
genommen aus der Reihe der Völker, hat ihm eine eigene Geschichte
zubestimmt, die er, Jahwe, mit seinem Volk teilt. Der Satz wird erst
verständlich, wenn man bedenkt, was im Wort »erkoren« mitschwingt.
Nicht eine von Gott her aufgezwungene, übergestülpte Erwählung ist
gemeint. Das hebräische Wort meint gegenseitige Bindung. Aus allen
Völkern der Erde hat Jahwe Israel an sich gebunden, er hat sich ebenso
an Israel gebunden; Israel kann seinem Gott begegnen, wie Mann und
Frau einander begegnen; Israel weiß um das innere Wesen, Wollen
und Lieben seines Gottes, und Jahwe kennt die innersten Impulse seines Volks. Solche Begegnung muß zu Engagement und Verpflichtung
führen, zur Ausschließlichkeit, sonst wird sie verraten. Jahwe straft
alle Vergehen seines Volks; denn Israel weiß, gegen wen es sich vergeht.

Der Erwählte kennt Gott besser, er weiß Bescheid, das ist gewiß ein
Vorzug vor anderen; doch Erwählung kann auch in eine gefährliche
und gefährdende Situation führen; denn wem viel anvertraut wurde,
von dem wird man viel verlangen (Lk 12,48).

EIN PROPHET IN EIGENER SACHE (3,3-8)

Der folgende Abschnitt stellt uns in eine eigenartige Situation, die uns
in den prophetischen Büchern nicht selten begegnet. Wir kennen weder
den Anlaß noch die Gegner oder die Angriffe, die den Propheten Amos
zu dieser lehrhaften Selbstverteidigungsrede veranlaßte. Wir hören
nur seine Stimme und erfahren, in Bildern, wie er über das Verhältnis
denkt, das zwischen Jahwe und seinem Propheten besteht.
Sieben bildhafte Fragen sind aneinandergereiht; sie alle zeigen den un-
ausweichlichen Zusammenhang von Ursache und Wirkung auf: »Treffen wohl zwei zusammen, wenn sie sich nicht verabredet haben?« (3,3).

Die erste Frage gibt uns Rätsel auf. Kann es sich beim Treffen von zwei Menschen nicht auch um Zufall handeln? Und, falls die Begegnung des Propheten mit Jahwe gemeint sein sollte: Wird Jahwe dies Treffen nicht einseitig geplant haben? Die folgenden Beispiele stammen aus dem Bereich der Jagd. Amos, der frühere Hirt, wird wohl Bescheid gewußt haben: Der Löwe brüllt im Tal, ein Zeichen, daß er Beute gefunden hat; der scheue Jungleu gibt Laut und verrät sein Versteck, auch er hat einen Fang getan. Ein Vogel fällt, weil die Falle gestellt war, das Klappnetz schnappt zu — eine Beute hat sich gefangen. Man wird nicht fehlgehen, wenn man annimmt, daß hier von Jahwe die Rede ist, indirekt und diskret: Er ist der Löwe, der brüllt; er der Fallensteller, der Vogelfänger — auch wenn er nicht genannt ist.

Das folgende Bildwort (3,6) führt in die städtische Umgebung. Stößt einer in der Stadt ins Horn, ertönt die Sirene, weiß jeder, daß ein Unglück geschehen ist, er erschrickt. Der alttestamentliche Mensch erinnert sich, daß nichts geschieht, ohne daß Jahwe seine Hand im Spiel hätte; er erinnert sich an den, der alles bewirkt.

»Nichts wirkt Gott der Herr, er hätte denn seinen Ratschluß seinen Knechten, den Propheten, geoffenbart.

Der Löwe brüllt, wer fürchtet sich da nicht? Gott, der Herr, spricht, wer wird da nicht zum Propheten?« (3,7-8).

Amos nennt sich nicht selber und doch spricht er von seiner eigenen Erfahrung. Der Prophet ist hineingenommen in das Planen Jahwes; er bekommt dies Wissen aufgeladen; er kennt Jahwes Absichten und Pläne. Und ebenso wie das Gebrüll des Löwen unwillkürlich Furcht verbreitet, zwingt das Wort des Herrn zum Künden. Wir wissen nichts von der Berufung des Viehzüchters Amos; wir wissen nicht, wie er zum Propheten wurde. Hier erfahren wir indirekt von der Tatsächlichkeit seiner Berufung: Jahwe sprach, folglich muß er Prophet sein; er ist nicht mehr frei, er steht unter einem Zwang. Er sagt das Unheilswort nicht aus eigenem Willen an; es macht ihm keine Freude, seine Zeitgenossen zu erschrecken; er hat keine andere Wahl. Dem Propheten ist das Wissen um die jeweilige Stunde aufgeladen: Er weiß, wie es um Jahwe steht — und er weiß, wie es um sein Volk steht.

SAMARIAS SCHULD (3,9-15)

In diesem Spruch soll die Schuld Samarias aufgezeigt, das begründete Urteil verkündet werden. Amos ruft neutrale Beobachter herbei: Reiche Philister aus den Palästen in Aschdod und Ägypter. Sie sollen sich auf die Berge um Samaria stellen, schauen, begutachten und bestätigen. In Samaria ist die Sicherheit des Einzelnen bedroht. Terror und Unterdrückung sind an der Tagesordnung. In erster Linie werden die Reichen und Mächtigen angesprochen, sie, die in Palästen wohnen, Unrecht und Gewalttat anhäufen und sich weigern, das Rechte zu tun. Jahwe wird ein Gericht über sie bringen: Ein Feind wird die Stadt belagern, erobern und plündern. Der Drohspruch klingt unheimlich, denn der Feind, von dem der Prophet spricht, hat keinen Namen; man erfährt nur, daß Jahwe ihn schicken wird, um einem Volk seine Selbständigkeit zu nehmen, die es mißbraucht hat.

Aber Israel ist Jahwes Volk; Jahwe selber hat es erwählt. Darf Israel aufgrund dieser Erwählung nicht darauf hoffen und vertrauen, daß Jahwe ihm in der Stunde der Gefahr zu Hilfe eile und seine Rettermacht einsetze? Auch auf diesen Einwand gibt Amos Antwort. Jahwe wird retten, anders als sie erwarten. »Wie ein Hirt aus dem Rachen des Löwen nur zwei Wadenbeine oder einen Ohrzipfel rettet, so werden Israels Söhne gerettet« (3,12). Amos kannte das palästinische Hirtenrecht; von diesem Recht her läßt sich das Wort verstehen. Jeder Hirt, der eines der ihm anvertrauten Tiere verliert, ist zum Ersatz verpflichtet, es sei denn, daß er nachweisen kann, daß ein Raubtier für den Verlust verantwortlich ist. Zwei Wadenbeine, ein Ohrläppchen mögen als Nachweis genügen. Doch wenn dieser Nachweis angetreten werden kann, ist auch bewiesen, daß das Tier tot ist, verloren. Samaria wird tot sein, verloren, untergegangen. Ungenannte werden feierlich aufgefordert, die Drohungen zu hören, und so zu Zeugen gemacht für Jahwe, den Gott der Heerscharen (3,13).

An jenem Tag, da die Strafe sich verwirklicht, werden nicht nur die Paläste der Reichen betroffen sein; auch die Altäre werden in Trümmer gehen. In Bet-El, dem Königsheiligtum, liegen die Hörner des Altars in Trümmern; das Heiligste der Altäre liegt im Staub. Die Altäre Israels waren nicht nur Opferstätten, sondern auch Stätten des Gottesschutzes. Ein Verfolgter, ein Verbrecher konnte sich dorthin flüchten.

Wenn er die Hörner des Altars berührte, konnte er sicher sein. Doch in Zukunft wird es keine Zuflucht mehr bei Jahwe geben; der Zorn Gottes erreicht alle; Jahwe schützt die Verfolgten und Bedrängten nicht mehr. Aller Pomp und Luxus einer Wohlstandsgesellschaft sinkt in Trümmer: Sommerhaus und Winterhaus, Stadtwohnung und Landsitz, Luxusvillen samt ihrer kostbaren Einrichtung zerfallen.

Reichtum gibt nur scheinbare Sicherheit; hier wird sie entlarvt, ihre Hinfälligkeit demonstriert.

Ein Wort an die Damen der Hauptstadt (4,1-3)

Nicht nur die Männer sind für die verhängnisvolle Entwicklung verantwortlich. Das folgende Prophetenwort zeigt den Anteil der Frauen auf. Die Damen der Gesellschaft werden angesprochen. Die Anrede »Basankühe« ist nicht als Schimpfwort gemeint, die Kühe des fruchtbaren Ostjordanlandes gehören zu den Musterexemplaren ihrer Gattung. Die Hofdamen, Beamtengattinnen, »First Ladies« der Gesellschaft in Samaria werden weder wegen ihrer luxuriösen Lebensweise noch wegen ihres Aufwands an Kleidung und Schmuck oder ihrer Wohlgenährtheit (wie der Vergleich mit den Kühen nahelegen könnte) getadelt. Der Angriff trifft sie am selben Punkt wie ihre Männer: Sie unterdrücken die Kleinen, zermalmen die Hilflosen. Die Frauen damaliger Zeit traten nicht direkt im öffentlichen Leben in Erscheinung, sie saßen nicht im Parlament, erließen keine Gesetze. Und doch sind sie ein Machtfaktor, denn jeder weiß, was Männer zu tun bereit sind, um den Forderungen einer Frau nach Lebensstandard, gesellschaftlichem Ansehen zu entsprechen: »Schaff herbei, daß wir zechen!«

Das prophetische Wort stellt die Frauen den Männern gleich, darum müssen sie sich verantworten.

Menschen schwören bei ihrer Seele, bei ihrem Leben; Jahwe schwört **bei seiner Heiligkeit**, bei seinem Anderssein, daß Vergeltung kommen **wird: Dann** werden sie weggeschleppt, an Fleischerhaken, eine hinter **der anderen.**

Man muß sich eine ähnlich treffend aggressive Rede in einer heutigen Landeshauptstadt vorstellen, um ermessen zu können, was Amos wagt. Die Reaktion der damaligen Wohlstandsgesellschaft wird kaum anders gewesen sein, als sie heute wäre. Abgesicherter Reichtum, relativer Friede, feierliche Gottesdienste an festgemauerten Altären — all das zählt nicht. Jahwe zertrümmert das mühsam Aufgebaute, das Bestehende um der sozialen Mißstände willen, die hinzunehmen, ja auszunutzen man sich damals wie heute angewöhnt hat. Doch die Armen haben einen mächtigen Anwalt.

KEIN GOTT DER OPFER UND GESÄNGE (4,4-13)

Wieder ist uns eine zusammenhängende Rede des Propheten überliefert. Wieder ist Israel angeklagt. Diesmal zerschlägt der Prophet ein Fundament, ein Grunddogma des Glaubens.

Allezeit galt der Gottesdienst als empfindliches Barometer, an dem man meinte ablesen zu können, wieviel Gott gilt. Frömmigkeit, Opferwilligkeit, volle Kirchen, überlaufene Wallfahrtsorte, kräftig gesungene Choräle zeigen, daß es im Lande gut bestellt ist um die Religion. In Krisenzeiten ruft man nach liturgischer Erneuerung, verinnerlichter Frömmigkeit, nach intensiverem Gottesdienst. Doch wenn den Leuten daran liegt, die Opfervorschriften genau zu erfüllen, zu beten und zu singen, wie Gott selber es geboten hat, dürfen sie dann nicht sicher sein, ihm zu gefallen?

Amos vertritt seinen Zeitgenossen gegenüber — tut er es gar am Heiligtum bei einem der großen Wallfahrtsfeste? — einen anderen Standpunkt: Gott will diesen Gottesdienst nicht. Er hat kein Gefallen an den in schematischer Abfolge der Rubriken aneinandergereihten Gebeten, an gehäuften Opfern, an Ritus, Kult, an Weihrauch und Gesängen, allsamt dargebracht zu seiner Ehre.

Hat Gott sich geändert? Gefällt ihm heute nicht mehr, was er vordem befohlen hat? Haben die Theologen, die Priester, die Kultorganisatoren und Seelsorger ihn falsch verstanden? Wer ist dieser Gott, für den Amos hier spricht?

Bet-El, der Ort, an dem Jakob von der Himmelsleiter träumte (Gen 28,10-19), liegt 40 Kilometer südlich von Samaria, Gilgal im Jordangraben. Beide Orte sind alte Jahweheiligtümer. Dort dient man ihm rechtens. Dorthin strömen die Leute, priesterlicher Weisung gehorsam, die ihnen sagt, wie sie den Segen Gottes erlangen können: Kommt nach Bet-El, kommt nach Gilgal, zu den Heiligtümern. Dann tut ihr, was Gott wohlgefällig ist. Bringt Opfer dar, versammelt euch zum heiligen Gemeinschaftsmahl, gebt den Zehnten als Steuer für die Erhaltung der priesterlichen und kultischen Institution, bringt Dankopfer, freiwillige Spenden. Aufrufe, wie sie uns vertraut und berechtigt in den Ohren klingen.

Amos nimmt solche Aufforderungen auf und verkehrt sie ins Gegenteil: »Kommt nach Bet-El und frevelt, nach Gilgal und frevelt noch mehr . . .« (4,4). Frommes Tun wird hier als Sünde gebrandmarkt, Pilgerfahrt als Frevel, als Aufruhr gegen Gott. Was von den Priestern als Gott wohlgefällige Leistung, als Zeichen besonderer Frömmigkeit gelehrt wird, ist nach prophetischem Wort Ausdruck des Gegenteils: Abfall, Egoismus. Man muß sich klarmachen, was hier geschieht: Im Namen und Auftrag Gottes übt Amos Kritik, wie man sie schärfer kaum formulieren kann. Sein Wort richtet sich gegen das Bestehende, gegen den Kultbetrieb, gegen bewährte Traditionen, gegen ein institutionalisiertes Priestertum. Er steht ein für den Gott, der die Formen zerschlägt, weil er lebendig die Begegnung mit Lebendigen sucht, sich nicht vor menschliche Interessen spannen läßt. Er läßt sich nicht durch heilige Gesetze und Normen, seiner Lebendigkeit beraubt, auf den Sakralbereich beschränken. Gott dienen, mit ihm leben, das heißt nicht, ihn »haben«, das heißt vielmehr: auf ihn hören, sich von ihm überraschen lassen, auf der Suche nach ihm bleiben, darauf verzichten, ein System, eine Gotteslehre auszudenken, seine Eigenschaften zu definieren und festzulegen. Mit Gott leben, das heißt: nie etwas von ihm wissen, aber stets bereit sein, ihn zu erfahren. Der Gott, der es verbietet, ihn im Bild zu fixieren (Ex 20,4), spricht Gericht über eine Generation, die ihn zum Ziel von Wallfahrten, zum Empfänger von Opfern und Gaben, zum Steuer- und Spendensammler herabsetzt.

Dem scharfen Wort des Amos folgt das fünfstrophige Gedicht eines Späteren (4,6-13). Strafen und Plagen werden in der Ich-Rede Gottes aufgezählt: Ich war es, der euch nichts mehr zu beißen gab; ich habe euch das Wasser gesperrt, den regelmäßigen Regen versagt; ich habe euch mit Seuchen und Ungeziefer geschlagen; ich habe euch die ägyptische Pest geschickt; ich habe euch zerstört wie Sodom und Gomorra (Samaria wurde 722 v. Chr. von den Assyrern erobert). Strophe für Strophe eine Ansammlung von Schicksalsschlägen, und jedesmal der vernichtende Satz: Ihr aber seid nicht umgekehrt zu mir. Jahwe schickt Warnungen, er schickt Unheil: verkappte Werbungen, um die Umkehr zu erwirken. So jedenfalls versteht der spätere Dichter dieses Liedes in der Rückschau die Katastrophen der Vergangenheit. Es ist zu spät: Die Betroffenen haben nicht verstanden, daß in jeder dieser Katastrophen Aufforderung und Chance zur Umkehr, zur Änderung lag; einer Änderung freilich, die nicht nur auf größere Verinnerlichung, vermehrtes Gebet, bereiteres Opfer zielt, sondern die Abkehr vom selbstgemachten, fixierten Gott fordert, hin zum Lebendigen, dem man dient in der gerechten und menschlichen Ordnung, die das Zusammenleben ermöglicht.

Der Abschnitt schließt (4,13) mit einem hymnischen Bekenntnis, in dem in Bildern die Macht des bergeformenden und erschaffenden Schöpfers gepriesen wird.

TOTENLIED FÜR ISRAEL (5,1-6)

In einer Zeit, da man in Israel nicht ans Sterben dachte, singt der Prophet ein Totenlied: »Hört dies Wort, das ich erhebe über euch als Totenklage, Haus Israel« (5,1). Das ganze Nordreich ist gefallen, hingestreckt liegt die Jungfrau Israel, sie steht nicht mehr auf. Von tausend, die in den Kampf ziehen, kommen hundert zurück; von hundert, die ausziehen aus einer Stadt, bleiben zehn; ein dezimiertes Heer hat keine Chance.

Dem totgeweihten Volk sagt Jahwe sein Wort: »Sucht mich, so werdet ihr leben« (5,4). Ihn suchen, nicht in Gilgal, nicht in Bet-El und nicht in Beerscheba; die Heiligtümer bieten keine Hilfe, sie werden zerstört, ihre Altäre zerfallen, der Kult hat ein Ende. Über den Trümmern bleibt die Aufforderung: »Sucht den Herrn, so werdet ihr leben« (5,6). Der Herr, Jahwe, überlebt seine Heiligtümer, er gibt die Chance zum Leben.

In diesem Wort des Amos ist das unabänderliche Urteil, der Verderbensweg durchbrochen; zumindest die Möglichkeit des Überlebens bleibt — im Suchen, trotz zerstörter Altäre, ohne Kult, an der priesterlichen Unterweisung vorbei; eine neue Möglichkeit ist eröffnet, ihn zu finden.

JAHWE IM KAMPF FÜR DAS RECHT (5,7-15)

Wieder prasseln Gerichtsworte: »Weh denen, die das Recht in Wermut wandeln und die Gerechtigkeit zu Boden strecken« (5,7). Der Gewaltige, dem Meer und Sternenhimmel gehorchen, läßt Vernichtung aufblitzen, »Jahwe ist sein Name« (5,8).

Er schaut den Weisen und Mächtigen auf die Finger; er sieht, wie sie das Recht verdrehen, die Gesetze zu ihrem Vorteil auslegen. Sie gehen so weit, daß sie den hassen, der im Tor, dem Ort, wo Urteil gesprochen und Rechtshändel ausgetragen wurden, zur Gerechtigkeit mahnt. Mit dem erpreßten und von den Armen ergaunerten Geld bauen sie sich feste Häuser aus Quadersteinen; sie nehmen bereitwillig Bestechungsgeld und werden noch reicher; ja es gibt Richter, die Arme abweisen. So planen sie für sich selbst das Beste, doch Jahwe macht einen Strich durch diese Rechnung: die festgefügten Häuser bleiben unbewohnt; er gibt ihnen nicht die Zeit, den Wein, der an sorgfältig angelegten Rebhängen reift, zu genießen. Eine böse Zeit ist angebrochen, die Einsicht bringt selbst Kluge zum Verstummen.

Und noch einmal (vgl. 5,6) ein Lichtstrahl, ein Angebot:

»Sucht das Gute, nicht das Böse, damit ihr lebt,

und so wird der Herr, der Gott der Heerscharen mit euch sein,

wie ihr sagt.

Haßt das Böse, liebt das Gute und richtet das Recht auf im Tor.

Vielleicht wird der Herr, der Gott der Heerscharen, dem Rest Josefs gnädig sein« (5,14-15).

Der richtende, Vernichtung und Feuer, Zerstörung und Verbannung planende Gott hat nicht vergessen, was sein Wesen ist. Amos, der Prophet, der bittere Worte zu sagen bekam, ist angehalten, das »vielleicht« offenzulassen. Vielleicht wird ein Rest übrigbleiben, mit dem Gott seine Geschichte weiterführt. Dies »vielleicht« ist an eine Bedingung geknüpft: Haßt das Böse, liebt das Gute, beweist diese Haltung dadurch, daß ihr das Recht aufrichtet im Tor. Früher schon war davon die Rede, vom Jahwe-Suchen als einziger Überlebenschance (5,6). Jahwe suchen, das ist kein zielloses Unterfangen, konkret ist gefordert, Recht zu schaffen, »das Gute« zu tun. Es geht also nicht darum, eine Reihe bestimmter Gebote zu erfüllen, Verbote zu achten. Wer »das Gute« tut, sich mitmenschlich verhält, die Sache des Rechtlosen führt, sich des Wehrlosen annimmt, der kann Gott begegnen, der ergreift die Chance. Das Wort ›Mitmenschlichkeit‹ wird heutzutage manchmal mißbraucht und zur Zweckparole herabgesetzt. Amos fordert sie im Auftrag seines Gottes als Haltung. So begibt man sich auf die Suche nach Gott, so erfüllt man seinen Willen. »Das Gute tun« fordert selbstvergessenen Dienst; es geht nicht darum, gute Werke zu sammeln, die man Gott vorrechnen oder darbringen könnte, sondern einfach darum, seinen Willen und sein Wesen unter den Menschen zu verwirklichen. Solches Tun hat die Chance, ihm zu begegnen. Wer die Gottesbegegnung auf den abgeschlossenen Raum des Kults beschränken möchte, kann sie leicht verfehlen; er muß sich prophetisches Gerichtswort gefallen lassen.

ZERSCHLAGENE HOFFNUNG (5,16-20)

Zu aller Zeit war man umgetrieben von der Frage nach Ziel und Ende der Geschichte. Wie wird es ausgehen mit dem Menschen? Hat es Sinn, rentiert es sich, am Rechttun festzuhalten, wo doch offensichtlich das Unrecht stärker ist? Was kann die kleine Schar der »Guten« ausrichten? Werden nicht am Ende die dunklen Mächte siegen und alles in den Abgrund der Vernichtung reißen? In solche Gedanken mischt sich das urtümliche Wissen darum, daß sich am Ende der Zeit Wehsale und Katastrophen häufen werden. Auch die Evangelisten Mattäus, Markus und Lukas wissen davon, wenn sie jeweils vor Beginn der Leidensgeschichte ihrem Evangelium einen Abschnitt einfügen, in dem in schrecklichen Bildern von den großen Bedrängnissen der Letzten Tage gesprochen wird (Mt 24-25; Mk 13; Lk 21). Dann aber, so glaubt man seit Amos, der als erster dies Wort prägte, kommt der »Tag des Herrn«, jener Tag, an dem er kommt »zu richten die Lebendigen und die Toten« (wie wir beten), sein Reich aufzurichten in Herrlichkeit.

Amos kündet ein großes »Wehe«; auf allen Plätzen, in den engsten Gassen, nicht nur in Städten, sondern auch auf dem Land, auf den Äckern und Höfen ruft man »Wehe«. »Denn ich schreite durch eure Mitte, spricht der Herr« (5,17).

Die Botschaft ist erschreckend. Soll Israel, soll die Gemeinde der Glaubenden sich fürchten vor dem Kommen Gottes? Soll sie sein Kommen nicht eher herbeisehnen und beten: Laß aufstrahlen deinen Tag! Laß kommen dein Licht (vgl. Jes 9,1)? Denn vom Tag Jahwes erwartet man, daß sich die Verhältnisse radikal ändern: »Das ist der Tag, den der Herr gemacht hat; laßt uns frohlocken voll Freude an ihm.« Die ›Völker‹, die Feinde Gottes und seines Volkes werden bestraft; die Gläubigen, Israel, werden seinen Lohn erhalten. Gott wird seine Herrschaft aufrichten, und alle menschlichen Herrschaften sinken in Staub. Licht wird dieser Tag für Israel, Finsternis für die Heiden. Auf diese Rechtfertigung durch Gott verläßt sich der Glaube, darauf stützt sich die Hoffnung.

Amos zerschlägt seinen Zeitgenossen auch diese Hoffnungssicherheit: »Weh denen, die den Tag des Herrn herbeisehnen! Was soll euch der Tag des Herrn? Finsternis ist er, nicht Licht« (5,18); Dunkel bringt er, nicht den Glanz der Herrlichkeit. Unaufhaltsam bricht dieser Tag an, es gibt kein Entrinnen, das wird aus den Bildworten des Propheten klar. Da ist einer, zu Tod erschreckt flieht er vor dem Löwen und trifft auf den nicht minder gefährlichen Bär; kommt er nach Hause, glaubt sich gerettet, stützt müde die Hand auf die Mauer, da beißt ihn die Schlange. Die Flucht führt ins Nichts.

Vielleicht war die Gemeinde des Amos in naivem Heilsglauben befangen, wähnte sich sicher im Schutz Gottes. Amos zerbricht diese Sicherheit mit seinen Worten: Gott kommt anders, als sie es sich wünschen und ausrechnen. Sind sie bereit für die Begegnung mit ihm?

JAHWE UND DER GOTTESDIENST (5,21-27)

Wieder wendet sich Amos gegen den Kult (vgl. 4,4-13). Wieder tritt er vermutlich an einem der Festtage im Heiligtum Bet-El mit seiner unzeitgemäßen Predigt auf. Durch sein Wort bezieht Jahwe Stellung zu dem, was geschieht: Ich hasse ›eure‹ Feste; ich mag ›eure‹ Opfer nicht riechen, ›eure‹ Opfergaben gefallen mir nicht, hinweg mit ›deinen‹ Liedern, ›deine‹ Harfen mag ich nicht hören . . . Alles, was die Priester als Gottesdienst, als Gottes Gaben, als Gottes Preis erklärt hatten, wird hier vom souveränen »Ich« desselben Gottes zurückgewiesen. Hier werden nicht die Forderungen Gottes erfüllt, sondern Menschen dienen ihm auf selbstgewählte Weise. Er antwortet mit Ablehnung.

Was fordert Gott? Wie soll man ihm dienen: »Vielmehr ströme das Recht wie Wasser, und die Gerechtigkeit wie ein immer fließender Bach« (5,24).

Nicht am Rhythmus der Festzeiten, an den Weihrauchwolken, den Festgesängen, der Harmonie der Musik, der Menge der Opfer läßt sich ersehen, ob Jahwes Wille gilt im Land. Gottes Volk ist nicht nur Kultgemeinde, sondern immer auch Lebensgemeinschaft von Menschen. Wenn das Recht strömt wie ein Bach, dann ist Gottes Wille durchgesetzt und Wirklichkeit geworden, dann wird erkennbar, daß sein Volk (gleich, ob es Israel heißt oder Kirche) nicht nach der Art der Völker lebt, nicht nach der Art der Völker Göttern dient, sondern mit dem Gott lebt, der da sein will für den Menschen, jeweils im Heute. So war er da in der Wüstenzeit, als es weder einen festen Ritus gab noch kultisches Gepränge. (Die Mosezeit war keine opferlose Zeit, wie man aus dem Amoswort entnehmen könnte.) Die Zukunft Israels wird ganz anders aussehen: Sie werden assyrische Götterbilder tragen, selbstgemachte Bilder, und in die Verbannung ziehen.

ENTLARVUNG EINER LEICHTLEBIGEN OBERSCHICHT (6,1-14)

Wieder sind die Mächtigen angesprochen (vgl. 4,1-3). Ihnen, den Sorglosen, den Vornehmen, den Selbstsicheren wird der Spiegel vorgehalten. Gleich, ob sie in Jerusalem wohnen oder in Samaria, sie gehören zum Volk Gottes — und sind doch nicht besser als die anderen Königreiche, über die sie sich in ihrem Erwählungsbewußtsein so gern erheben. Der Gedanke an den »schlimmen Tag« (6,3) ist ihnen unangenehm; sie wollen ihn hinauszögern, doch durch ihr Verhalten zwingen sie ihn herbei: Faulenzer auf Elfenbeinbetten, die üppig schmausen und trunkene Lieder grölen, ohne einen Gedanken an das Unheil zu verschwenden, das sich zusammenbraut.

Doch: »Vorbei ist das Fest der Faulenzer« (6,7). Allen anderen voran müssen sie in die Verbannung ziehen; Jahwe vernichtet Paläste und Prachtbauten, deren sie sich rühmen. Keiner wird ihm entfliehen; nicht einmal, wenn er sich im hintersten Winkel des Hauses versteckt und sich hütet, auch nur den Namen Jahwes auszusprechen, um ja doch die Aufmerksamkeit nicht auf sich zu ziehen. Paläste, feste Häuser, brüchige Hütten werden in Trümmern liegen. Jahwe hat befohlen: Ein namenloses Volk wird kommen und Israel, das sich vermessen eigener Siege rühmt, niederstrecken.

VISIONEN, DIE AMOS SCHAUTE (7,1-9,6)

Der Ton ändert sich, ein ganz neuer Abschnitt setzt ein. In fünf Visionen, zunehmend verschärft, schaut Amos das Gericht. Bilder steigen in ihm auf, so stark und drängend, daß er sie zur Gottesverkündigung macht. Amos spricht in prophetischer Ichrede von dem, was er zu schauen bekam; wir werden mit seinen Erlebnissen konfrontiert und lernen ihn jetzt erst eigentlich kennen; wir nehmen teil an den Einsichten, die über ihn kamen, die die bittere Gewißheit seiner Rede begründen.

DREI VISIONEN VOM GERICHT (7,1-9)

»Dieses ließ Gott, der Herr, mich schauen:
Siehe, er bildete Heuschrecken, als gerade der Spätwuchs aufsproßte...« (7,1).
Amos sieht Jahwe. Wie er ihn schaut, erfahren wir nicht; doch wir erfahren, womit Jahwe beschäftigt ist: Er bildet Heuschrecken. Kein beschreibendes Wort über den, der solche Arbeit tut. Es ist die Zeit der zweiten Mahd; sie gehört dem Volk, nachdem der König seinen Tribut genommen hat (vgl. 1 Sam 8,11-17).
Das nächste Bild vom verheerenden Heuschreckenschwarm fehlt. Doch nichts wird verschont. Hunger wird über das Volk hereinbrechen, Not und Verderben. Wo Heuschrecken wüten, bleibt nichts für den Menschen (vgl. Ex 10).
Die Schau macht Amos zum Mitwisser Gottes. Er kann diese Pläne nicht hinnehmen. So wird er zum Fürbitter: »Mein Herr und Gott, vergib doch! Wie soll Jakob bestehen? Er ist ja so klein.« (7,2).
Der Prophet gleicht Abraham, von dem man erzählt, daß er mit Jahwe um das verwirkte Leben der Sodomiter rechtete (Gen 18,20ff); er gleicht Mose, der nachdem er die Tafeln mit dem Gotteswillen zertrümmert hatte, für die Seinen fleht (Ex 32,30-32). In dem Gesicht wird keine Anklage genannt; Amos begründet seine Bitte nicht. Er bringt keine Entschuldigungen vor, pocht nicht auf den Bund, die Verheißungen Gottes oder die Verdienste Israels: »Mein Herr und Gott ... Er ist ja so klein« (7,2). Amos verweist auf nichts anderes als auf die Hilflosigkeit der zum Hunger Verurteilten.

»Da tat es Jahwe leid« (7,3) — nicht so, wie wir uns unverbindlich zu entschuldigen pflegen mit der Floskel: ›Es tut mir leid‹. Auch an anderen Stellen spricht die Bibel vom Geheimnis des unberechenbaren Umschwungs in den Entscheidungen Gottes. Sie gebraucht dafür Bilder, menschliche Worte: Er ließ es sich gereuen, er ließ sich erbitten, er ließ sich erbarmen. All diese Versuche der Umschreibung sind klägliche Annäherungen. Wir dürfen uns das Ungeheure und Unfaßbare, dem Menschen völlig Entzogene des Gesinnungswandels Gottes, der immer Schicksalswende für den Menschen bedeutet, nicht verharmlosen und verdecken lassen. Gott hat beschlossen — es wird geschehen; keine Macht der Welt kann ihn zwingen. Und doch kann es geschehen — auf das einfache Wort eines Menschen hin —, daß Gott ein Urteil zurücknimmt, wie es bei Amos heißt: »Es soll nicht geschehen«, sprach der Herr (7,3).

Eine zweite Vision (7,4-6) schildert in einem einzigen Satz, wie Jahwe die Feuerstrafe ruft. Hitze, glühender Wüstenwind fällt über das Land, »frißt die große Flut« und danach das Ackerland. (Mit dem mythischen Bildwort von der großen Flut ist der Urozean gemeint, den man gebändigt unter der Erdscheibe glaubte; es gibt kein Grundwasser mehr, die Quellen der Tiefe sind versiegt.) Wieder kommt des Propheten bittendes Wort in letzter Stunde. Diesmal wagt er die Bitte um Vergebung nicht mehr (vgl. 7,2), sondern er fleht: »Halt doch ein« (7,5). Und ein zweites Mal läßt Gott sich vom Wort eines einzelnen bewegen: »Auch dies soll nicht geschehen!« (7,6).

Amos schaut eine dritte Vision (7,7-9). Er sieht Jahwe, auf einer Mauer stehend, das Lot in der Hand. Der Prophet wird angesprochen: »Was siehst du, Amos? Ich sagte: Ein Lot! Da sprach der Herr: Siehe, ich lege das Lot an inmitten meines Volkes Israel. Nicht noch einmal verschone ich es« (7,8). Amos schaut, er wird angesprochen und gefragt. Seine Antwort bezieht sich nur auf das Lot. Kein Wort von dem, der es hält; es genügt, daß er selber es ist. Die Mauer — ein Bild für das Volk, das Jahwe erbaute — wird geprüft. Das Urteil fällt: Zum Einsturz bestimmt. Israel wird nicht mehr verschont; die Zeit der Umkehr, die Chance der Bitte ist vertan. Nicht nur Paläste, auch Heiligtümer werden vernichtet; das Haus König Jerobeams, hier unmittelbar angesprochen, wird umkommen durch das Schwert.

AMOS UND AMAZJA: PRIESTER UND PROPHET (7,10-17)

Die Worte des Propheten Amos sind uns nicht in ihrer ursprünglichen Reihenfolge überliefert. Vielleicht standen die Visionen, nun in den letzten Kapiteln gebündelt, ursprünglich in Verbindung mit Amosworten. Zwischen die dritte und vierte Vision finden wir einen Abschnitt eingeschoben, der ursprünglich sicher nichts mit den Visionen zu tun hatte.

Wir hören nicht die Stimme des Propheten; ein anderer schreibt über ihn, ein Schüler erzählt ein Stück seines Lebens.

Amos befindet sich in Bet-El und stößt dort mit dem sonst unbekannten Oberpriester Amazja zusammen. Amazja ist als Priester des Königsheiligtums Beamter des Königs, ihm als dem höchsten Kultherrn verantwortlich für den Gottesdienst. Bet-El ist ja Königsheiligtum, von Jerobeam I. gegründet (vgl. 1 Kön 12,26-31).

Wir erfahren nicht, wie Amos seinen Unwillen erregte, doch wer seine Reden kennt, kann sich unschwer vorstellen, wie es dazu kam, daß Amazja einen Boten nach Samaria sandte, um den Königsrebellen, den Gotteslästerer, den Zeitkritiker anzuklagen. Bet-El liegt etwa 50 Kilometer von Samaria entfernt. Der Bote läßt den beiden eine Frist zur persönlichen Auseinandersetzung. In dieser Frist kam es wohl zu dem knappen Dialog, der uns 7,12-17 überliefert ist.

Priester müssen von Amts wegen gegen die Propheten stehen, auch wenn deren Botschaft weniger aggressiv wäre als die des Amos. Der Priester ist, wie der Prophet, von Gott gerufen zum heiligen Dienst. Sein Ort ist die Institution; er hat darüber zu wachen, daß nichts von der heiligen Überlieferung verloren gehe; er erklärt die Weisung, sorgt dafür, daß die Glaubenden auch in veränderten Zeiten mit Gott leben, seinen Willen kennen und erfüllen können. Die Priester halten die Institution aufrecht, sie dienen ihr als Wächter am Heiligtum, als Wegweiser zu Gott. Meist sind es gelehrte Männer, die in Israel aus langer Familientradition ihr Amt herleiten. Sie wissen sich verantwortlich für Gottes Sache in der Welt. Der Prophet dagegen ist stets ein einzelner, ein Angesprochener, der sich auf nichts anderes berufen kann als auf das Wort, das in sein Leben eingriff. »Gott, der Herr, spricht, wer wird da nicht zum Propheten« (Am 2,8). Um das Prophetenamt kann man sich nicht bewerben, da wird nicht nach Abstammung, Vorbildung oder Eignung gefragt. Der Prophet hat auch nicht die Wahl, sich die Art seiner Botschaft auszusuchen: Jona wird nach Ninive geschickt; Jeremia trotz seiner Jugend gewählt; Amos, der judäische Viehzüchter, wird zum Gerichtspropheten in Samaria.

Ganz gleich, ob das Prophetenwort Heil oder Gericht ansagt, immer steht der Prophet konträr zum Bestehenden; er ist an der Zukunft orientiert. Von dieser Zukunft Gottes her, die immer verflochten ist mit der Zukunft des Menschen, sieht und beurteilt er das Bestehende.

Der Priester Amazja muß sich darum vom Propheten Amos angegriffen und verunsichert fühlen. Alles, wofür er von Amts wegen eintritt, ist durch das prophetische Wort in Frage gestellt. Und doch ist auch er, der Priester, letztlich Gott allein verantwortlich. Darum wagt er es nicht, dem Propheten die Legitimation seiner Botschaft rundweg abzusprechen. Darum sucht er nach einem Kompromiß: »Seher, geh und pack dich fort ins Land Juda! Iß dort dein Brot, und dort magst du prophetisch reden! In Bet-El aber wirst du nicht noch einmal prophetisch reden; denn ein Heiligtum des Königs ist dies hier und ein Reichstempel« (7,12-13). Das bedeutet Verbannung, Ausweisung aus dem Land. Am Königsheiligtum bestimmt der König über die Art der zu verkündenden Botschaft. Was man nicht gern hört, wird mit Redeverbot belegt.

Amos kann sich dem nicht fügen. Er ist ja nicht Prophet von Amts wegen (damals gab es bezahlte Propheten, die am Tempel oder am Königshof lebten und oftmals der Versuchung nicht widerstehen konnten, dem Brotgeber nach dem Mund zu reden). Amos wurde von der Herde weggenommen; er wurde nicht irgendwohin geschickt, sondern ausdrücklich zum Volk Israel. Wenn Amazja sich gegen Amos stellt, so stellt er sich gleichzeitig gegen den, dessen Hand ihn ergriff. Darum wird ausgeführt, schrecklich zu lesen, was Jahwes Gericht für die Priesterfamilie bedeutet: Amazjas Frau wird Dirne, seine Söhne und Töchter fallen durch das Schwert, sein Ackerland teilen andere unter sich; Amazja selber wird sterben im fremden (unreinen) Land — und am Gottesgericht hat sich nichts geändert: Israel muß in die Verbannung.

Die vierte Vision (8,1-3)

Ohne Übergang beginnt der neue Abschnitt. Amos schaut einen Korb voll reifer Früchte und wird gefragt, was er sehe: »Einen Korb mit reifem Obst« (8,2). Damit ist das Stichwort für das Urteil gefallen: »Reif für das Ende ist mein Volk Israel; nicht noch einmal verschone ich es« (8,2). Es gibt keinen Aufschub mehr. Massenhaft werden sie sterben, viele Leichen allüberall.

Sprüche gegen die Ausbeuter (8,4-14)

Einer der Bearbeiter des Prophetenbuches hat zwischen die vierte und die fünfte Vision eine Sammlung von Sprüchen eingeschoben. Sie knüpfen an die vierte Vision an und entfalten, was das Ende Israels bedeutet.

Wieder entlarvt Amos die Mentalität seiner Zeitgenossen: »Hört dies, die ihr den Armen zertretet, um mit den Gebeugten im Lande ein Ende zu machen« (8,4). Gewiß, sie halten die Festtage ein und besuchen den Gottesdienst, doch sie geizen mit ihrer Zeit, wenn sie noch während der Feier an die Geschäfte des Werktags denken: Wann ist der Sabbat vorbei, auf daß wir das Maß kleiner, die Preise höher machen, Geschäfte machen, die Waage fälschen, mit unserem Geld Verschuldete kaufen, Hilflose für ein Paar Sandalen, ja sogar den Abfall vom Korn zu Geld machen ... Jahwe hat geschworen; er wird ihr Tun nicht vergessen. »Jener Tag« (vgl. 5,16-20) wird hereinbrechen, in Bildern endzeitlichen Grauens geschildert: Erdbeben, kosmische Katastrophen, Sonnenfinsternis, Dürre, ein großes Sterben. Dann werden Feste zu Trauertagen, Freudenlieder zu Klagegesängen, Festgewand zum Bußkleid. Ja noch mehr:

»Seht, Tage werden kommen — Spruch Gottes, des Herrn,
da sende ich den Hunger ins Land,
nicht den Hunger nach Brot und nicht den Durst nach Wasser,
sondern nach Worten des Herrn.
Dann wanken sie von Meer zu Meer,
und streifen von Norden nach Osten,
um das Wort des Herrn zu suchen, doch sie finden es nicht« (8,11-12).

Dies Prophetenwort enthüllt die tiefste Existenznot, in die der Mensch geraten kann: Nicht Hunger nach Brot, nicht Durst nach Wasser; tiefer, ans Leben greifender sind Hunger und Durst nach dem Wort des Herrn. Sie erwachen, wenn Gott sich zurückzieht, sich nicht mehr finden läßt, dem Menschen sein weisendes Wort versagt, das nicht aus ihm selbst kommt. Menschen in solcher Situation fangen zu suchen an, sie taumeln von Meer zu Meer, vom einen Ende der Erde zum anderen, sie finden keine Ruhe mehr, keinen Sinn, sind zurückgeworfen auf die eigenen Rechnungen, die nicht aufgehen. Der Ruin solcher Menschen ist vollkommen. Für sie gibt es keine Zukunft: »Sie werden fallen und nicht mehr aufstehen« (8,14).

DIE FÜNFTE VISION (9,1-6)

Amos schaut den Herrn am Altar. Er spricht einen Ungenannten an und befiehlt ihm, den Säulenknauf zu zerschlagen und auf den Köpfen zu zerschmettern. Vermutlich war es in einer älteren Textform, die ein erschrocken gottesfürchtiger Theologe änderte, Jahwe selber, der den Säulenknauf vom Eingang des Heiligtums auf den Köpfen zertrümmerte. Keiner kann entrinnen, keiner entfliehen. Bildworte zeigen die Aussichtslosigkeit jedes Fluchtplans: »Brächen sie durch in die Unterwelt, griffe sie dort meine Hand. Stiegen sie hinauf zum Himmel, holte ich sie von dort herunter« (9,2). Es gibt keinen Raum, in den er nicht hineinreicht; versteckten sie sich auf dem Karmel, dem Schutzbereich des Baal, stürzten sie hinab in den Meeresgrund — er holt sie herauf, kein Weg führt an seinem Gericht vorbei. Er ist der Herr, das heißt, daß er alle Bereiche des Geschaffenen kennt: Jahwe ist sein Name (9,6). In dieser letzten Vision wird Amos nicht mehr angesprochen; er schaut nur noch — und was er schaut, ist Gericht.

ÜBER ERWÄHLUNG UND HEIL (9,7-15)

Das Amosbuch schließt mit Prophetenworten, die noch einmal Jahwe als den Herrn aller Völker künden und Israel ins Gericht rufen, sowie einem Jahrhunderte später angefügten Heilswort.

Erwählung und Gericht (9,7-10)

Wir kennen Amos als einen Propheten, der im Namen Gottes Dogmen und Glaubenssicherheiten zerschlägt. Zum Kern des Glaubens des Gottesvolkes gehört von Anfang an das Bekenntnis zur Erwählung, das Bekenntnis zu Jahwe, der sich für Israel und kein anderes Volk entschieden hatte. Das Volk bekennt sich zu dem, der es mit starker Hand und ausgestrecktem Arm aus dem Land der Sklaverei in die Wüste führte. Auf diese Sicherheit der Erwählung kann sich jeder stützen, der zur erwählten Gruppe derer gehört, die unter der Bundesformel leben: Ich bin euer Gott – ihr seid mein Volk. Israel hat eine Geschichte mit Jahwe, an dieser Geschichte hat kein anderes Volk teil.

Das Prophetenwort des Amos räumt mit den vermeintlichen Erwählungsvorteilen auf: »Seid ihr mir nicht den Kuschitern gleich, ihr Söhne Israels? – Spruch des Herrn. Habe ich nicht wie Israel aus dem Land Ägypten so auch die Philister aus Kaftor (Kreta) herausgeführt und die Aramäer aus Kir (Obermesopotamien)?« (9,7). Israel hat keinen Vorteil, keinen Sonderstatus, kein Geschichtsmonopol. Jahwe kümmert sich nicht nur um die Israelsöhne und die Völkerschaften, die seinen Weg kreuzen. Nein, er kümmert sich selbst um die Neger (Kuschiter) im Süden; sie sind ihm so lieb wie Israel. Er hat die Stämmewanderung der Philister und der Aramäer (Ende des 2. Jahrtausends v. Chr.), die doch anderen Göttern dienten und dienen, gelenkt; auch in ihrer Geschichte hat er seine Hand im Spiel.

Was Amos hier predigt, ist Irrlehre, gemessen am Urglauben Israels, der sich in allem auf den Vorrang, den Israel bei Gott hat, stützt. Amos kündet Jahwe als Herrn der Geschichte. Nun wenden sich seine Augen gegen das sündige Königreich. Er wird es vertilgen. Wenn der Ton der abschließenden Verse (9-10) milder erscheint, dann ist hier ein späterer Deuter zu erkennen, der bezeugen kann, daß ein Rest verschont blieb, daß das Gericht nicht alle traf. Dieselbe deutende Hand weist darauf hin, daß die Schuldigen, die Glaubenssicheren, die Sünder nicht entkommen sind.

Vom künftigen Heil (9,11-15)

Dieser Schlußabschnitt des Amosbuches überrascht. Ein Späterer hat ihn angefügt aus der Erkenntnis, daß kein Prophetenbuch mit einem Unheilswort enden kann, weil ja das letzte Wort Jahwes nie Unheil ist. Gottes Zuwendung zum Menschen erweist sich Mal für Mal, von Katastrophe zu Katastrophe stärker als sein Gerichtswille. Sein Erbarmen hebt den Zorn auf. Ein judäischer Theologe spricht, Jahrhunderte später, in Bildern vom Heil. Jerusalem ist zerstört, auch das Südreich wurde vom Schicksal ereilt, seine Bewohner sind in die Verbannung gezogen. Doch Davids Hütte wird wieder aufgebaut werden; das einstige Großreich wird wiedererstehen. Über den Menschen liegt Segen und durch sie auch über dem Land: Es gibt keine vergebliche Arbeit mehr; Pflüger und Schnitter lösen sich bei der Arbeit ab. Gott selber wird das Geschick seines Volkes wenden, er garantiert ihnen ein gesegnetes und friedliches Leben im Land. Er stellt keine Bedingungen; er schenkt Heil.

MICHA

FÜR EINE KÜNFTIGE WELT

Micha – Wer ist wie Jahwe?

Micha aus Moreschet tritt zwischen 730 und 700 v. Chr. als Prophet Jahwes in Juda und Jerusalem auf. Er ist also ein Zeitgenosse des großen Jesaja. Anders als er greift Micha nicht aktiv in das politische Geschehen seiner Zeit ein. Um so mehr engagiert er sich gegen die sozialen Mißstände für eine bessere Welt.

In der herben Sprache des Bauern entlarvt Micha die Stadt als Ort, von dem Veränderungen ausgehen, als Zentrum der Verderbnis. Er prangert die Raffgier der Großgrundbesitzer, die Skrupellosigkeit der Händler und ihrer Praktiken an. Unrecht, Bestechlichkeit, Bedrückung der Armen sind an der Tagesordnung. Micha kommt zum Urteil: Es gibt keine Zuverlässigkeit mehr im Land; keiner darf es wagen, dem anderen zu trauen.

Mit solcher Kritik hat Jahwe seinen Propheten beauftragt, damit er seine Zeitgenossen mit den tieferen Gründen der Selbstentfremdung des Menschen konfrontiere. Sie mündet in die politische Katastrophe, die Micha, gleich den anderen Propheten, als Gericht Jahwes interpretiert.

Worte vieler Propheten – ein Buch

In seiner heutigen Gestalt verrät das Buch Micha rasch die Spuren der letzt-ordnenden Hand jenes Theologen oder Priesters, der die einzelnen Prophetenworte aneinanderfügte. Er ordnete sie schematisch in je zwei Gruppen von Drohungen und Heilssprüchen. Die Worte, die innerhalb dieser Gruppen überliefert sind, stammen nicht alle aus dem Mund des Micha. Männer in verschiedener Zeit und Situation und mit verschiedener theologischer Zielsetzung haben sie gesprochen. Die Schriftausleger unterscheiden im einzelnen die Stimme eines späteren Herausgebers (in der Exil-Zeit), eines national-israelitisch orientierten

Theologen, eines ›Messianisten‹, eines ›Eschatologisten‹, Glossen früherer schriftgelehrter Männer. Ihre Namen bleiben uns unbekannt. Ihre deutenden, weiterführenden und ergänzenden Gedanken zum Prophetenwort des Micha verdecken seine Botschaft nicht. Biblisches Wort will gedeutet werden, damit jede Zeit seine Botschaft verstehe.

ÜBERSCHRIFT (1,1)

»Wort des Herrn, das an Micha aus Moreschet erging in den Tagen des Jotam, Ahas und Hiskija, der Könige von Juda. Er empfing es in einem Gesicht über Samaria und Jerusalem.«

Die Überschrift, nach einer gebräuchlichen Vorlage formuliert, verdanken wir der Feder eines späteren Sammlers der Prophetenworte. In knapper Zusammenfassung wird gesagt, um was es sich im Folgenden handelt: Jahwe läßt sein Wort ergehen an Micha aus Moreschet, einem kleinen Ort ungefähr 40 Kilometer südwestlich von Jerusalem. Er macht einen Mann vom Land, der aus so unbedeutender Familie stammt, daß nicht einmal der Name seines Vaters überliefert wurde, zum Künder des Worts, das sich an Samaria und Juda, an Nord- und Südreich wendet. Die Zeit seines Auftretens ist durch die Angabe von drei Königsnamen: Jotam (747-741 v. Chr.), Ahas (741-725 v. Chr.) und Hiskija (725-697 v. Chr.) nur ungenau bestimmt; Hinweise im Text lassen darauf schließen, daß er schon vor der Eroberung Samarias durch die Assyrer (722 v. Chr.) auftrat und etwa bis 700 v. Chr. wirkte.

DROHREDEN (1-3)

GEGEN SAMARIA (1,2-7)

Ohne Vorbereitung setzt die Prophetenrede ein: »Hört ihr Völker alle, merk auf Erde, und was sie erfüllt . . .« (1,2). Ein Ereignis wird angekündet, so groß und schauerlich, daß es alle Lebendigen betrifft: Jahwe wird öffentlich als Zeuge auftreten. Gott kommt: Er bricht auf, verläßt seinen heiligen Palast, steigt herab, betritt die höchsten Gipfel der Erde. Der Prophet schaut ein Ereignis, er kann es nur in Bildern formulieren, die damaliger Vorstellung entsprechen. Gott kommt wie ein gewaltiger Herrscher, er kommt von »oben«. Sobald er eintrifft, wird sein Machtbereich offenkundig: Alles Geschaffene kommt in Bewegung. Ein gewaltiges Beben erschüttert die Erde, Berge schmelzen, Täler spalten sich. Wozu ist er gekommen? Wegen der Sünde des Hauses Israel (1,5). Israel und Juda, Nord- und Südreich zusammengenommen bleiben ein kleines Volk, dessen Name im Machtspiel der Großen keine Rolle spielt. Können seine Vergehen Grund sein für eine Welterschütterung, von der alle betroffen werden? Was sind das für Sünden, die einen Gott in Bewegung setzen können? Vergeblich warten wir auf eine Anklage oder eine Schuldliste. Frevel und Vergehen tragen die Namen von zwei Städten: »Was ist Jakobs Frevel? Ist es nicht Samaria? Und was ist die Sünde Judas? Ist es nicht Jerusalem« (1,5). Die Hauptstädte sind geballte Verkörperung dessen, was an Sündhaftem, Gottfeindlichem im Land geschieht. Darum (1,6) ergeht der folgende Gerichtsspruch an Samaria: Die Stadt wird zum Trümmerfeld, zerstört sogar die Grundmauern, Opfergaben verbrannt, Götzen zerschmettert. Jahwe beauftragt den Feind, der dies Rachewerk vollbringt. Die kostbare Ausstattung der Heiligtümer, die Goldverkleidungen der Gottesbilder, die man durch die Einnahmen der Tempeldirnen (vgl. S. 8f) finanziert hatte, wird man rauben und den Erlös ausgeben (vielleicht ist an plündernde Soldaten gedacht), um Dirnen zu bezahlen.

Micha schildert das Kommen Gottes als dramatisches Ereignis; als ob der Allmächtige die Himmel verlassen, die Erde gebebt hätte unter der Wucht seines Schritts, als ob alle Völker erschrocken auf das schuldige Samaria geblickt hätten. Die Wirklichkeit ist anders. Da steht Micha, ein einzelner Mann. Er hat das Wort seines Gottes zu sagen, Jahre bevor es eintrifft. Ein Wort, in dem anfänglich alle Lebendigen angesprochen werden, das sich dann zuspitzt auf das unbedeutende Samaria, dessen Untergang kein Historiker, der auf große Zusammenhänge schaut, als welterschütternde Katastrophe bezeichnen würde. Der Historiker sieht in den Ereignissen des Jahres 722 eine, wenn auch bedauerliche, so doch unausweichliche Station der Machtpolitik Assyriens. Er kann Samaria vergessen. Was bewegte den Propheten zu seiner Geschichtsdeutung? Was bewegt uns, wenn wir sein Wort lesen? Vielleicht sollte man sich fragen, ob es für die Völkergeschichte nicht doch eine Katastrophe bedeutet, die des Aufmerkens wert ist, wenn Gott gegen sein bundesbrüchiges Volk einschreitet, um Abfall zu bestrafen. Wenn er selber den Schlußpunkt setzt unter einen gescheiterten Plan, ein vertanes Angebot, eine verfehlte Entwicklung. Gottes Volk lebt als Modell unter den Völkern der Erde, seine Aufstiege und Niederlagen, Fortschritte und Rückschläge, Erfolge und Katastrophen können Zeichen sein für alle Lebendigen. Auftrag der Propheten ist es, diese Zeichen zu deuten.

KLAGELIED ÜBER JUDA (1,8-16)

Unmittelbar nach dem Gerichtswort, das Samarias Untergang ankündet und also vor 722 v. Chr. gesprochen worden sein muß, folgt ein Lied, in dem der Prophet die Zerstörung und Bedrohung seiner Heimat bejammert. Diese Klage hat ihren historischen Hintergrund in den Ereignissen des Jahres 701 v. Chr. Den Redaktor, der diese beiden Abschnitte übergangslos aneinanderfügte, kümmerte es nicht, daß der eine aus der ersten, der andere aus der letzten Zeit der prophetischen Tätigkeit des Micha stammt. Rund 20 Jahre liegen dazwischen; wir können die politischen Vorgänge dieser Jahre, soweit sie Juda und damit indirekt auch den Propheten betreffen, einigermaßen erhellen.
Seit der Eroberung Samarias (722 v. Chr.) verfolgten die judäischen Könige in Jerusalem eine gefährliche Schaukelpolitik. Ahas hatte sich im syrisch-efraimitischen Krieg (vgl. S. 22f) geweigert, der antiassyrischen Koalition beizutreten. Er lebte in erträglicher Abhängigkeit von der Großmacht Assur. Allerdings hatte er nicht nur Tribut zu zahlen, sondern mußte auch dem Gott Assurs einen Platz im Tempel einräumen und einen seiner Söhne dem Moloch opfern.
Sein Nachfolger Hiskija (725-697 v. Chr.) wurde im Jahr 720 v. Chr. von anderen Koalitionspartnern vor dieselbe Entscheidung gestellt wie sein Vater. Klugerweise weigerte er sich, an dem Aufstand teilzunehmen, und bewahrte so sein Land vor den Folgen einer assyrischen Strafexpedition. Im Jahr 713 kam es erneut zur Krise; er verbündete sich mit einigen Kleinstaaten in der Hoffnung auf ägyptische Hilfe, um

Freiheit vom assyrischen Steuer- und Tributjoch zu erlangen. Sein Re-
bellenmut reichte zum Glück nicht weit. Rasch duckte er sich wieder
in die Unterwerfung. Als im Jahr 705 v. Chr. der assyrische König
Sargon starb, fing es überall im Großreich an zu brodeln. Der entmach-
tete Merodach-Baladan ließ sich in Babylon erneut zum König erheben.
So war Sanherib, der Nachfolger Sargons, zunächst damit beschäftigt,
seine Vormacht im Osten wieder herzustellen.

In dieser Situation glaubte Hiskija, seine Chance sei gekommen. Er
kündigte den Assyrern das Vasallenverhältnis, stellte die Tributzah-
lungen ein und ließ alle Spuren des assyrischen Staatsgottes aus dem
Tempel tilgen. Sein Reformeifer erwachte. Er ließ Baalsheiligtümer
aufheben und suchte den ursprünglichen Gottesdienst wiederherzustel-
len, frei von allem fremden Beiwerk. Auch außenpolitisch wurde er
tätig. Er knüpfte Verbindungen mit Babylon und Ägypten und machte
sich zum Organisator eines Bündnisses südpalästinischer Kleinstaaten.
Dabei durfte er kaum glauben, daß Sanherib all diese Machenschaften
einfach hinnehmen werde. So rüstete er für den Ernstfall, ließ Jerusalem befestigen und baute den Schiloachkanal, durch den das Wasser
der Gihonquelle auch im Fall einer Belagerung in die Stadt geleitet werden konnte. Diese optimistische Aktivität dauerte nur ein paar Jahre.
Im Jahr 701 hatte Sanherib den Rücken frei und begann seinen Vergel-
tungsfeldzug gegen die palästinischen Kleinrebellen. Er schlug ein ägyp-
tisches Hilfsheer zurück, fand keinen ernsthaften Widerstand, besetzte
Juda und belagerte Jerusalem. Hiskija mußte sich unterwerfen und
harten Tribut leisten. Sein Land wurde unter jene Kleinkönige aufge-
teilt, die sich an der Rebellion nicht beteiligt hatten. Ihm selbst blieb
nur der Stadtstaat Jerusalem, der von Anfang an Eigentum der Da-
vidsfamilie gewesen war.

Damals sang der Prophet sein Klagelied, das, auch wenn wir nicht alle
Einzelheiten der Anspielungen erklären können, dem Leid eines um
seine Heimat Trauernden Ausdruck verleiht: »Heulen muß ich und
jammern, barfuß und bloß umhergehn, ein Geheul erheben wie Schakale, ein Klagegeschrei wie die Strauße.

Denn unheilbar ist der Schlag, der das Volk getroffen; er reicht bis nach
Juda, er trifft Jerusalem, das Tor meines Volkes« (1,8-9).

Barfuß geht der Prophet, ohne Obergewand; er findet keine Melodie
für sein Lied. Es gleicht dem Nachtgeheul der Schakale, die ihre schauer-

liche Totenklage überall dort anstimmen, wo der Tod in Verwesung übergegangen ist. Juda ist getroffen, Jerusalem bedroht. Eine Reihe judäischer Städte wird mit Namen angesprochen (2,10-13), zu Trauerriten aufgefordert, die ihren Namen entsprechen; denn in der Bibel ist der Name nicht nur Etikett und Unterscheidungsmerkmal, sondern Signum des Schicksals. »Darum mußt du dich scheiden von Moreschet-Gat« (2,14); der Prophet nennt seine kleine Heimatstadt, deren Name »Besitz« bedeutet. Abgetrennt, in fremden Besitz übergegangen, ist sie kein Ort mehr für den Propheten.

Am Ende steht noch einmal Jerusalem. Die Stadt gleicht einer trauernden Mutter; im Leid erstarrt sitzt sie:

»Schere dich kahl, Tochter Zion, wegen deiner Kinder,
die deine Freude waren!
Mache dich kahl wie ein Geier;
denn man hat sie dir weggenommen und verschleppt« (1,16).

GEGEN DIE HABSUCHT DER REICHEN (2,1-5)

Jeder strebt nach Besitz, freut sich an dem, was er hat; denn Reichtum und Besitz öffnen neue Lebensmöglichkeiten. Besitz *gibt* Macht, vor allem die selten geübte, anderen Gutes zu tun, Not zu lindern, zu teilen. Aber Besitz *ist* auch eine Macht; nur allzuoft werden die Besitzenden zu Besessenen, zu Dienern ihrer Habe. Wo viel ist, soll noch mehr dazukommen. Der Prophet schildert diese Mentalität: Selbst in der Nacht läßt es sie nicht los, sie planen und rechnen. Am Morgen folgt die Tat, denn die Reichen haben die Macht, ihre Wünsche und Träume durchzusetzen. Großgrundbesitzer erraffen Häuser und Felder; der kleine Mann hat keine Chance, sein Recht durchzusetzen. Er verliert das Wenige, das er hat, er ist der Maschinerie der Gewalt ausgeliefert.

Doch auch Jahwe hat seine Pläne; sie sind nicht angenehm: Es kommt eine böse Zeit (2,3). Diesmal stehen nicht die ausgebeuteten Kleinbauern auf der Abschußliste, sondern die Kapitalisten, die Financiers; alle, deren Habgier stärker war als die Achtung vor dem Recht des anderen. Der Prophet kennt das Spottlied, das man dann über die Gedemütigten singen wird:

»Vernichtet, vernichtet sind wir,
seines Volkes Anteil veräußert der Herr,
niemand gibt ihn zurück;
unsere Felder verteilt er an Abtrünnige« (2,4).

Das Bild der damaligen Großbesitzer ist schematisch gezeichnet mit
Formeln, wie man sie heute noch gebrauchen könnte. Sie werden das
Erraffte verlieren, Jahwe wird dafür sorgen, daß sie enteignet werden;
er selber verteilt sein Erbteil unter Fremde.

Unbeantwortet bleibt die dunkle Frage: Jahwe schickt Gericht, um die
Macht der Reichen zu brechen. Doch wo weiß man von Krieg und
Eroberung, die die Häuser der Armen verschont hätten? Werden nicht
auch sie, die bisher gelitten haben, erneut hineingewirbelt in Hunger,
Not und Untergang?

MICHA DISKUTIERT MIT ZEITGENOSSEN (2,6-11)

Zum ersten Mal begegnet uns im Buch Micha ein Zuhörerkreis des Propheten. Wir wissen nicht, wo die Diskussion, deren Niederschlag uns
erhalten ist, stattgefunden hat; wir können vermuten, daß die Angrei-
fer aus den Kreisen der besitzenden Klasse stammen, die im vorhergehenden Wort (2,1-5) angeredet wurden. Sicher sind es Leute, denen die
prophetische Kritik an ihrem Lebensstil nicht behagte; doch sie stören
sich nicht nur daran, sondern auch an der Gottesverkündigung des Propheten. Unbequeme Mahner wird man seit jeher am ehesten los, indem
man ihnen das Wort verbietet oder sie lächerlich macht. In diese Richtung geht der erste Angriff: »Man soll nicht so orakeln: Diese Schmach
wird nicht weichen« (2,6). Heilsbotschaft, optimistische Zukunftsträu-
me vom wiederhergestellten Wohlstand, eine Predigt vom Gott, der
sich erhebt, um die Feinde zu besiegen und seinem Volk die alten
Rechte wiederzugeben, wäre angenehmer zu hören. Soll man sich damit
abfinden, daß »diese Schmach«, Besatzung, Abhängigkeit, Unselbstän-
digkeit, Armut nicht weichen wird? Es gibt theologische Argumente,
die dagegen sprechen: Ist das Haus Jakob etwa verflucht? Ist der Herr
wirklich unmutig? Kann er überhaupt so hart handeln? Sind seine
Worte nicht voll Güte gegen den, der den geraden Weg geht? (2,7).
Nein, Jahwe hat dem Volk seine Zusagen gegeben. Auf seine Geduld
und Langmut kann man sich verlassen. Er wird und kann sein Volk

nicht für Dauer strafen. Was ist das für ein Prophet, der seine Gotteslehre so schlecht gelernt hat? Wie kann er sich mit solcher Botschaft an
die Öffentlichkeit wagen?

Nun ergreift Micha das Wort (2,8-11). Er verteidigt sich knapp, hart
und anklagend: »Gestern noch mein Volk, steht es jetzt da als Feind«
(2,8); die gestern noch auf Gottes Freundschaft zählen konnten, stehen
jetzt in der Reihe seiner Feinde. Wie kann es geschehen, daß einer, der
den geraden Weg gehen will, über Nacht zum Gottesfeind erklärt wird?
Offensichtlich kann sich der Mensch durch sein Verhalten selber vom
Bund und der Gottesfreundschaft ausschließen, auch wenn er nicht auf-
hört, sich zu diesem Gott zu bekennen. Das wird am Beispiel der Zeitgenossen des Micha deutlich: Friedfertigen wird der Mantel abgerissen,
arglose Wanderer werden überfallen und gefangengenommen; recht-
lose Frauen und Kinder werden aus den aufgekauften Häusern vertrieben; einer kleinen Schuld wegen werden Leute vor den Richter gebracht und gepfändet. Solche Praktiken machen den Menschen zum
Gottesfeind. Der Prophet, der sie entlarvt, ist ihnen unbequem. Der
Prophet, den sie ehren und achten würden, müßte einer nach ihren
Wünschen und Vorstellungen sein; einer, der sie bestätigt. Ironisch ka-
rikiert Micha das Bild eines Propheten auf Bestellung: Einer, der seinen
Zuhörern nach dem Mund redet; der nicht kritisiert; Wein und Bier
prophezeit (2,11), Wohlstand und Luxus; einer, der es verstünde, das
etwa angekratzte Gewissen zu beruhigen; »das wäre der Prophet für
dieses Volk« — dem es vermutlich bedenkenlos folgen würde, wie einem Rattenfänger von Hameln! Er fände Gefolgschaft; auch wenn
sein Weg weit weg von Jahwe führte, ginge man ihn gern, solange er
nur bequem genug und mit angenehmen Parolen gepflastert wäre. Micha ist einem anderen verantwortlich; er spricht sein Wort nicht nach
Menschenwünschen und Träumen.

Der Horizont des Heils (2,12-13)

Bei den beiden folgenden Versen begegnen wir wieder der ordnenden
Hand eines Theologen, der ein Heilswort an Israel, das aus anderem
Zusammenhang stammt (man kann an eine Verbindung mit 5,6-8 den-
ken), an den Schluß des Abschnitts rückte.

Diese Heilsschau verdanken wir einem viel Späteren, der lange nach

dem Fall Jerusalems (586 v. Chr.), in einer viel aussichtsloseren Lage
als Micha Bilder vom Heil kündete.

Jahwe selber spricht: »Sammeln, ja sammeln will ich Jakob insgesamt
. . . zusammenbringen den Rest Israels« (2,12); sie vereinen und schützen wie eine Schafherde im Pferch; ihrer sind viele, es tost von Menschen. Aus diesen Bildern strahlt sieghafte Sicherheit; das ist kein kläg-
licher Haufen Geschlagener, Übriggebliebener. Ein stolzer Hirt ruft die
zu ihm Gehörenden, sie strömen zusammen. Der Prophet sagt an, was
geschehen wird (2,13): Ein gewaltiger Zug sammelt sich, voraus der
›Durchbrecher‹, niemand stellt sich ihm entgegen; der König zieht vor
ihnen her, kein anderer als Jahwe.

Ein Prophet schaut diese Bilder und kündet sie seinen Zeitgenossen.
Je hoffnungsloser die Lage ist, um so reicher strömen die Brunnen der
Hoffnung; um so vertrauender werden die Gottesnamen. Was hier angesagt wurde, hat sich im wörtlichen Sinn nie erfüllt. Die Rückkehr
der Restgemeinde aus Babylon glich keinem Siegeszug; das Leben der
Rückwanderer war mühsam. Die Wirklichkeit deckt sich nicht mit
prophetischer Schau; doch in solchen Worten sind Horizonte der Glaubenssicherheit aufgerissen, die auch uns in die Zukunft Gottes rufen.

Gegen Rechtsverdreher (3,1-4)

Das neue Wort setzt unvorbereitet und überraschend ein; man mag die
Reste jener Erzählung vermuten, in die es einmal eingebettet war (vgl.
S. 7). Die Erzählung ist verloren; das erhaltene Wort wendet sich
gegen Häupter und Richter des Volks; an die Männer, denen man Einsicht zutraut und darum für die Durchsetzung des Rechts verantwortlich macht. Jahwe kann sie zur Verantwortung ziehen, denn sie
sind ja nicht Staats-, sondern Gottesbeamte; es gab in Israel kein weltliches Recht neben dem Gottesrecht. Israels Richter sind Sachwalter des
guten Gotteswillens. Doch sie verdrehen ihren Auftrag, sie hassen das
Gute und lieben das Böse (vgl. Am 5,14; S. 61f). Rücksichtslos miß-
brauchen sie ihre Macht zum eigenen Vorteil, ziehen den Leuten die
Haut ab (3,3), nützen sie aus bis zum Letzten. Jahwe wird sie in dieselbe Lage kommen lassen, und wenn sie dann in ihrer Not zu ihm um
Hilfe rufen, weigert er ihnen die Antwort; »denn ihre Werke sind
böse« (3,4).

Gegen bestechliche Propheten (3,5-8)

Diesmal spricht Micha seine etablierten Kollegen an. Sie sind Gottes-
männer, der Titel wird ihnen nicht abgesprochen. Doch wie üben sie
ihr Amt aus? Sie machen das unverfügbar gegebene Gotteswort zur
käuflichen Ware: »Haben sie etwas zu beißen zwischen den Zähnen,
rufen sie: Friede« (3,5). Prophetenwort ist nicht nur Privatäußerung;
darum achtet das Volk auf das Wort seiner Propheten, das sie im Auftrag Jahwes, des Herrn der Geschichte, vorbringen. Doch auch die Könige und ihre Minister machen Politik. Die Entscheidungen menschlicher Diplomatie aber stehen oft quer zu Jahwes Plan; darum stehen
die Propheten oft gegen den König. Ein König, der Propheten auf
seiner Seite weiß, hat einen Vorschuß auf Vertrauen beim Volk, er
kann auf Propaganda und Selbstrechtfertigung seiner Politik verzichten: Gott bestätigt ihn. Solche Propheten gab es in Israel; Gottesmän-
ner im Pakt mit weltlicher Macht. Micha droht ihnen Strafe an (3,6-7),
die sie im Kern ihres Lebens treffen muß: Nacht ohne Gesichte, Finsternis ohne Wahrsagung, Gottes Antwort bleibt aus, der Kontakt ist
gebrochen. Ein Prophet, von dem Jahwe sich abwendet, hat mehr verloren als seinen Brotberuf.
»Ich aber, ich bin erfüllt von Kraft, vom Geist des Herrn,
erfüllt mit Eifer für das Recht und mit dem Mut,
Jakob seinen Frevel vorzuhalten und Israel seine Sünde« (3,8).
In dieser Selbstaussage des Micha mischen sich Sendungsbewußtsein und
Verteidigung. Sein Auftrag ist nicht angenehm: Frevel vorzuhalten
und Sünde. So umschreibt Micha den eigenen Auftrag; er sagt damit
nicht, daß Gericht und Unheilsansage Legitimationszeichen aller echten
Jahweprophetie seien.

Gegen eine bestechliche Obrigkeit (3,9-12)

Wieder sind Israels Häupter und Richter auf der Anklagebank (vgl.
3,1-4). Ihr Schuldregister ist nicht gering: Richter nehmen Geschenke,
Priester unterweisen um Lohn, Propheten wahrsagen um Geld. Wie
soll der Arme zu seinem Recht kommen? Wie soll Gottes Recht sich
durchsetzen im Volk? Bestechlichkeit und Geldgier sind ein schlechtes

Fundament für das Zusammenleben. Alles Gerade wird verdreht und zurechtgebogen; Prachthäuser erstehen, doch sie sind mit Blut gebaut; Jerusalem prunkt und protzt, dahinter steht Unrecht. Die bestechlichen Propheten legitimieren das Unrecht: »Ist nicht der Herr in unserer Mitte? Kein Unheil kann über uns kommen« (2,11). Solange der Tempel steht, der Gottesdienst funktioniert, glauben sie sich sicher, geschützt vor dem Zorn Gottes. Jahwe wird diese gefährliche Selbsttäuschung entlarven. Dieser Heilssicheren wegen wird der Zion umgepflügt, Jerusalem zum Ackerland, der Tempelberg zur Steppenhöhe.

Hier spricht Micha ein gefährliches Wort. Eine Drohung gegen Tempel und Heiligtum kann nicht als harmlose Religions- und Kultkritik eines Fanatikers abgetan werden. Wer den Tempel lästert, der lästert Jahwe. Wer solch staatsfeindliche und gotteslästerliche Parolen wagt, riskiert sein Leben. Das wird an der Nachgeschichte dieses Micha-Wortes deutlich, von der uns die Bibel berichtet: Der Prophet Jeremia stand ungefähr hundert Jahre später am Tempeltor und richtete eine ähnliche Botschaft aus. Er wird von Priesterschaft und Propheten gefangen und zum Tod verurteilt (Jer 26). Da ergreifen Älteste aus dem Volk für ihn Partei und verteidigen ihn mit dem Hinweis: »Micha von Moreschet, der zur Zeit des Hiskija, des Königs von Juda, als Prophet wirkte, hat zum ganzen Volk Juda gesagt: So spricht der Herr der Heerscharen: Zum Acker wird der Zion umgepflügt, zur Trümmerstätte wird Jerusalem, der Tempelberg zur Waldeshöhe. Hat ihn etwa Hiskija, der König von Juda, und ganz Juda deshalb hingerichtet? Hat er nicht Gott gefürchtet und das Angesicht des Herrn besänftigt, so daß den Herrn das Unheil reute, das er ihnen angedroht hatte? Und wir sollten ein so großes Unrecht tun zu unserem eigenen Schaden?« (Jer 26,18-19).

Der Hinweis auf das Wort des Micha bewirkte damals, daß Jeremia der Anklage noch einmal entkam.

In einer Reihe mit Micha und Jeremia steht Jesus. Die Anklage, die sein Volk gegen ihn erhebt, lautet auf Gotteslästerung (auch wenn Pilatus das Urteil mit der Begründung staatsgefährdender Umtriebe vollziehen läßt). Gleich Jeremia hat Jesus die Priester und Gotteskenner seiner Zeit gegen sich, weil er es wagt, gegen den installierten Kult, den heiligen Tempel zu reden und einzutreten für das Recht des lebendigen Gottes.

VERHEISSUNGEN (4,1-5,14)

VON EINER KÜNFTIGEN WELT (4,1-5)

Der folgende Abschnitt bildet den Beginn einer Reihe von Heilsworten. Er findet sich in etwas kürzerer Form auch in Jes 2,1-4. Weder Micha noch sein Zeitgenosse Jesaja haben dies Wort gesprochen. Wir verdanken es einem Späteren, dem der Glaube zur Sicherheit geworden war, daß keines der Gottesgerichte, die im Lauf der Geschichte über die Menschheit hereinbrechen, das Ende ist. Das »Ende der Tage« bringt zugleich den Umschwung der bestehenden Verhältnisse, den aller Fortschritt und aller Humanitätseifer nicht voll realisieren können. Die Propheten Jahwes wissen: Der Mensch kann sich das Heil nicht selber schaffen. Aber sie wissen auch: Gott wird es schenken, er wird all das verwirklichen, was von Urzeiten in den Menschen gelegt ist. Aus dieser Glaubenssicherheit künden sie in Bildern, die von ihrer Zeit, ihrer Kultur geprägt sind, von der Zukunft der Welt.

Fest gegründet steht der Berg mit dem Haus des Herrn (dem Micha Zerstörung und Zerfall angesagt hatte), zu ihm strömen die vielen Nationen, um vom Gott Jakobs Lebensweisung zu erbitten. Er schlichtet den Völkerstreit und spricht den vielen Völkern Recht. Jerusalem steht zwar im Mittelpunkt, der Tempel ist Israels Heiligtum, trotzdem ist nicht das Volk Israel Zentrum der Welt, die Völker suchen Jahwe und sein Wort.

Vorbei ist es mit Willkürherrschaft, Bestechung und Ausbeutung, das Regiment der Gewalt ist gebrochen. Dann werden Menschen menschlich zusammenleben, Völker miteinander statt gegeneinander. Der Wettlauf der Macht hat kein Ziel mehr, Rüstung und Waffengewalt sind sinnlos, denn es gibt keine Angst mehr, einer kann dem anderen trauen.

»Dann schmieden sie ihre Schwerter zu Pflugscharen um
und ihre Lanzen zu Winzermessern.
Volk erhebt gegen Volk nicht mehr das Schwert.
sie erlernen nicht mehr den Krieg.
Jeder sitzt unter seinem Weinstock
und unter seinem Feigenbaum,
niemand schreckt ihn auf« (4,3-4).

Bilder von einem Leben ohne Angst. Von Zwängen, vom »Muß«, von der Leistungssklaverei, vom Getriebensein und den Ängsten befreit, wird der Mensch zu sich selber kommen, menschliches Leben entdecken, das er so lange verfehlt hat.

Von der Zukunft Israels (4,6-13)

Im folgenden Abschnitt sind drei verschiedene Prophetensprüche aneinandergereiht (4,6-8.9-10.11-13). Alle drei kreisen um dasselbe Thema: Die Zukunft Israels.

Auf »jenen Tag« hoffen die Verbannten in Babylon. An ihnen hat sich das Drohwort erfüllt. Heimatlos leben sie unter einem fremden Volk. Ihnen gilt die Zusage Jahwes, die Versprengten neu zu sammeln, die Hinkenden und Geschlagenen zurückzubringen, sie wieder zum Volk zu einen, seine Herrschaft über ihnen aufzurichten, und, letzte aller Hoffnungen: ihnen einen König erstehen zu lassen aus Davids Geschlecht (4,6-8).

Vers 9 setzt mit einer Frage ein, die sich wohl an Jerusalem richtet: »Warum schreist du so laut?« Der Spruch deutet das harte Geschick der Verbannten: Gewiß, die Tochter Zion hat Grund zur Klage; sie darf schreien wie eine Gebärende, denn jede Neugeburt will erlitten sein. Du mußt hinaus, fort aus der Stadt bis nach Babel (4,10). Babel bezeichnet nicht nur den historisch-geographischen Ort der Demütigung, im Namen der Stadt schwingt alles mit, was Israel an Gottferne, Ausgesetztheit, Verlassenheit erfahren hat. Doch »dort wirst du gerettet werden, dort wird der Herr dich loskaufen aus der Hand deiner Feinde« (4,10).

Anders und neu ist der Ton des folgenden Spruchs (4,11-13). Diesmal beschreibt der Prophet die Schau eines endzeitlichen Ereignisses, das die ganze Welt betrifft. Die Gottesfeinde (›Völker‹) haben sich zum entscheidenden Aufstand gegen Gott versammelt. Aber er ist gerüstet, er hat einen Plan. Sie merken nicht, daß er sie einsammelt, wie die Garben auf der Tenne zum Dreschen zusammengetragen werden. Ernte und Drusch sind in der Bibel ein oft gebrauchtes Bild für das Gericht. Zion wird aufgefordert, dies Gericht zu vollziehen. Doch nicht zur eigenen Ehre: »Erhebe dich . . ., daß du viele Völker zermalmst und

ihr Raubgut Jahwe weihst, ihren Reichtum dem Herrn der ganzen
Erde« (4,13). Jahwes Herrschaft wird aufgerichtet, sein Reich über der
Erde.

VOM KÜNFTIGEN KÖNIG (4,14-5,5)

In der Kraft seines Glaubens überlebte das Volk Israel das Auf und Ab
seiner Geschichte. Dieser Glaube wurde immer sicherer darin, daß das
Ziel der Weltgeschichte sich nach Gottes Plan nicht in Zeiten des Wohlstandes, des Friedens, der Frömmigkeit verwirkliche, sondern daß am
Ende der Zeiten Gott selber seine Welt und seine Menschheit ins Heil
setzen werde.

An vielen Stellen des Alten und Neuen Testaments finden sich Bilder
vom Endheil in jeweils verschiedener Form. Immer sind sie geprägt
von der historischen Erfahrung Israels. Doch sie alle sprengen den na-
tional-israelitischen Horizont und weiten ihn ins Allgemeingültige.

Mit der Endzeiterwartung ist die Verwirklichung der Herrschaft Gottes verknüpft. In diesem Zusammenhang steht die Gestalt des künftigen Königs aus Davids Geschlecht. Anders als seine schwachen Vorgänger im Amt ist er der Besonderheit seiner Stunde, seines Auftrags
gewachsen: Er wird Gottes Sache ganz zur eigenen machen, Gottes
Ordnung auf der Erde durchsetzen, sein Reich heraufführen. Auch das
Prophetenwort des Micha, das vom künftigen König spricht (4,14-5,5),
gehört in die Reihe solcher Endzeittexte.

Im Hintergrund steht die bedrängte politische und soziale Lage des
Jahres 701 v. Chr. (vgl. S. 77f). Jerusalem ist eingeschlossen, seine
Führer haben nichts mehr zu sagen, sie werden verspottet (4,14). Von
dieser Hauptstadt ist kein Retter zu erhoffen.

Doch da spricht Jahwe selbst (5,1): Aus Betlehem-Efrat, dem unbedeu-
tenden Ort, wird unerwartet Rettung und Neubeginn kommen. Dort,
in der Heimat Davids, wird einer geboren, der dazu bestimmt ist,
über Israel zu herrschen. Er wird nicht nur gegenwärtige Not lindern,
Mißstände anprangern, sondern neue Verhältnisse schaffen. Sein Ur-
sprung reicht in die Vorzeit zurück, in jene Zeit der ungebrochenen
Begegnung zwischen Gott und Mensch, die ein biblischer Theologe uns
in den Bildern des Paradieses gemalt hat. Der kommende Herrscher

weiß um diese Anfänge, über die Zeiten hinweg wird er am Ende das verfehlte Heil der Anfänge neu und endgültig verwirklichen. Nun (5,3-4) ergreift der Prophet das Wort. Er kommentiert den Gottesspruch im Hinblick auf seine Zeitgenossen und ihre Lage: Jahwe gibt sein Volk preis, bis die Gebärende gebiert; ein Rest wird die Katastrophen überstehen; das Volk wird nicht ausgelöscht. In diskret andeutenden Worten erfahren wir mehr von dem, der geboren werden soll:

»Dann tritt er auf als ihr Hirt in der Kraft des Herrn,
im hohen Namen Jahwes, seines Gottes.
Sie werden in Sicherheit wohnen;
denn jetzt wird er groß sein bis zu den Enden der Erde.
Und dieser wird der Friede sein« (5,3-4a).

Dieser Friede *(schalom)* bedeutet mehr als Waffenruhe, mehr als einen mühsam ausgehandelten Nichtangriffspakt, mehr als gegenseitige wirtschaftliche Zusammenarbeit. Friede bedeutet, daß der Mensch, die Menschheit als Gemeinschaft fähig wird, sich selber anzunehmen, daß einzelne und Völker, so befriedet, miteinander auf der Erde leben. Friede bedeutet, daß das ursprüngliche Heil Gottes nicht nur im »Garten Eden«, in der Gemeinde der Gläubigen, in den Kirchen gilt, sondern allüberall; daß es keinen Ort und keinen Menschen mehr gibt, der ausgeschlossen wäre.

Angesichts dieser weltweiten Schau können die folgenden Zeilen (5,4b-5), die vom kommenden Herrscher zunächst den Sieg über die assyrischen Bedränger fordern, nur als spätere Anfügung wirken.

Micha kündet von der Geburt eines künftigen Königs. Dieser Spruch hat Geschichte gemacht: Jesus von Nazaret ist gekommen als Herold des Reiches Gottes, ist gestorben für diesen Auftrag, er wurde durch Ostern von Gott bestätigt. Er ist der Sohn Davids, der Messias, der Erwartete; so formulieren die Evangelisten die Erfahrung und das Bekenntnis derer, die ihm begegnet sind. Jesus hat die Verheißungen Gottes an ein Ziel gebracht, von dieser Sicherheit ist die Gemeinschaft der ihm Glaubenden getragen. Was er geredet und getan hat, gründet in jener langen Gottesgeschichte, die in den Büchern des Alten Testaments bleibendes Wort wurde. Darum handeln Mattäus (2,6) und Lukas (2,4-9) berechtigt, wenn sie sich im Zusammenhang seiner Geburt an das prophetische Wort des Micha erinnern und es aufnehmend die

Tradition der Geburt Jesu in Betlehem bezeugen. Dabei geht es den
Evangelisten weder darum, Jesu Namen in Betlehems Geburtenregister
einzutragen, noch darum, etwa dunkle Stellen seiner Kindheit biogra-
phisch zu erhellen, sondern einzig um das Bekenntnis zu ihm als dem
Verheißen-Gekommenen.

Als Micha sein Wort sprach, dachte er nicht an Jesus von Nazaret, und
wir müssen wohl zugeben, daß Jesus in den etwa 30 Jahren seines Lebens das Wort des Micha nicht ganz »erfüllt«, das heißt: ausgefüllt hat.
Noch immer lernen wir Krieg, noch immer haben wir Angst vorein-
ander (vgl. 4,3-5); noch immer liegt die Schöpfung in Wehen, doch auf
Hoffnung hin sind wir gerettet (Röm 8,22-24).

Vom Rest des Volkes (5,6-8)

Diesen Spruch verdanken wir wieder einem späteren Nachfahren des
Micha. Er richtet sich an den »Rest Jakobs«, an Juden, die unter die
Völker verstreut leben. Zweimal werden sie auf ihre Situation und
ihre Funktion für die Völker angesprochen. Der Rest des Gottesvolkes
ist nicht nur ein kärgliches Überbleibsel, das sein Überleben dem einen
oder anderen Zufall verdankt, auf Duldung und Unterstützung ange-
wiesen. Auch die Versprengten und Rechtlosen haben zu *geben,* denn
sie vertreten ja die dem Abraham gegebene Verheißung, Segen zu sein
für alle Völker der Erde (Gen 12,3). Wo sie sind, wird Gottes Wirken
sichtbar.

Es wäre gewiß aufschlußreich, würde man dies Prophetenwort am
unruhigen Verlauf der Geschichte des jüdischen Volks, das ja im wort-
wörtlichen Sinn unter den vielen Völkern lebt, messen. Wir könnten
und müßten wohl auch darüber nachdenken, welche Funktion der
Minderheit der Glaubenden in den vielen Völkern zukommt, denn
auch sie sind Erben Abrahams, Beauftragte des Segens.

Vers 8 steht verbindungslos an dieser Stelle; er bildet wohl eine spätere
Einfügung, die zu deuten uns schwer fällt.

Vom Risiko eines ungesicherten Lebens (5,9-14)

Gott will, daß der Mensch aus Vertrauen lebe; ja er kämpft für die
Möglichkeit eines solchen Lebens. Doch im Wesen des Menschen scheint
es zu liegen, daß er dies Vertrauen nicht wagt. Wer aus Vertrauen lebt,

nimmt ein Risiko auf sich. Weil der Mensch aus sich selbst nicht fähig und bereit zu sein scheint, dies Risiko einzugehen, darum wird Gott selber ihn dazu zwingen. Im »Ich« direkter Gottesrede zählt der Prophetenspruch (5,9-13) selbstgemachte Sicherheiten auf, die Gott seinem Volk zerschlagen wird.

»An jenem Tag wird es geschehen« (5,9): da vertilge ich die Rosse aus deiner Mitte, vernichte deine Kriegswagen, vertilge deine Städte, schleife die Festungen, vertilge die Zaubermittel und Zeichendeuter, die Götzenbilder, die Kultsteine; und noch einmal: vernichte deine Städte (5,13).

Die Aufzählung wirkt drohend, doch man sollte nicht vergessen, was erreicht werden soll. Kriegsgerät und Verteidigungsmöglichkeiten werden dem Volk genommen; ein Volk, das nicht mehr in den Kategorien Angriff-Abwehr denken kann, ist gezwungen, auf die Nachbarvölker einzugehen, Verständigung zu suchen. Zaubermittel und Zeichendeuter gehören zum magischen Glauben, durch den der Mensch sich Sicherheiten und Macht verschafft, Wissen erlangen will, um sich nur ja gegen den unberechenbaren Zugriff des lebendigen Gottes abschirmen zu können. Götzenbilder und Kultsteine sind Symbole des Abfalls zu einem dinglich manipulierbaren Gott und dem ihm entsprechenden Gottesdienst. »Die Städte«, die für Micha, den Bauern, Zentralen der Selbstsicherheit und der Rechtlosigkeit sind (vgl. 1,5 und 6,9-16) werden zweimal genannt.

DROHREDEN (6,1-7,7)

JAHWES MANIFEST (6,1-8)

In diesem Abschnitt ist uns das Bruchstück aus einem Rechtsstreit zwischen Gott und seinem Volk überliefert. Den Anfang bildeten wohl Anklagen des Volkes, sie sind uns verloren, doch wir können sie aus der Entgegnung Jahwes erschließen.

Berge und Höhen, ja die Grundfesten der Erde ruft Jahwe als seine Zeugen, denn es handelt sich nicht um ein Privatverfahren, das hinter

geschlossenen Türen auszutragen wäre. Was zwischen Gott und seinem Volk spielt, berührt die ganze Schöpfung:
»Mein Volk, was hab ich dir getan,
und womit bin ich dir zur Last gefallen?
Antworte mir!« (6,3).
Hier antwortet nicht ein Herausgeforderter mit einer Gegenklage. Jahwe ist betroffen, beteiligt; seine Antwort ist eine Frage. Hat Israel seinem Gott Vorwürfe gemacht, weil er nicht eingriff in die Geschichte, die Assyrer nicht vertrieb mit Feuer und Schwert? Ist das Volk seiner müde geworden? Weiß es nicht mehr, woran es mit seinem Gott ist? Kündigen sie ihm den Dienst auf?
Aber sie müssen ihn doch kennen. Jahwe erinnert sie an die gemeinsame Geschichte, die er mit ihnen teilt (6,4-5): Ich habe dich heraufgeführt aus Ägypten, dich freigekauft; Mose, Aron und Mirjam gesandt; den Fluch im Mund des Propheten Bileam (vgl. Num 2-4) in Segenswort gewandelt.
Auf diese Gottesrede folgt unvermittelt eine Stimme aus dem Volk (6,6-7): Sechs Fragen an Gott werden aneinandergereiht, sie fordern Antwort: Was willst du, Gott? Womit soll man dir dienen? Forderst du Brandopfer? Einjährige Kälber, den Nachwuchs der Herde? Sind Tausend Widder genug? Zehntausend Ölbäche? Forderst du den erstgeborenen Sohn für die Frevel und Sünden eines Lebens?
Solche Fragen sind herausfordernd; sie kommen aus einem unruhigen Herzen, das Antwort verlangt, Verständnis sucht.
Wir kennen den Namen des Mannes nicht, der so fragt. Wir kennen die Antwort, die er bekommt:
»Es ist dir verkündigt, Mensch, was gut ist,
und was der Herr von dir sucht:
nichts anderes als Recht üben,
die Güte lieben
und in Hingabe leben mit deinem Gott« (6,8).
Die Menge der Gesetze und Gottesgebote zusammengefaßt in einem einzigen Satz: Recht üben steht an erster Stelle; den anderen achten, sein Recht nicht kürzen; ihm geben, was er braucht. Güte lieben, nicht rechnen, nicht nachzählen, sich zur Güte nicht zwingen, weil sie eine Tugend ist, durch die man das Wohlgefallen Gottes erwerben kann; die Güte lieben, bis sie zum Teil des eigenen Wesens wird. Und an

dritter Stelle erst, als Frucht dieser Grundhaltung des Lebens mit den Menschen, ist gefordert, daß man in Hingabe lebe mit seinem Gott. Hingabe, wie sie hier gemeint ist, hat nichts an sich von erzwungener Selbstverleugnung, von fromm-anerzogener Kapitulation vor dem, der immer Recht hat, vom begeistert-überschwenglichen Angebot der Bekenntnisfeiern. Sie meint Loyalität im Leben mit Gott, ein Leben, das aus existentiellem Einverständnis mit Gott erlitten und ertragen wird; wie wir es etwa am Modell Abraham ablesen können, von dem es heißt, daß sein Durchhalten im Vertrauen ihm zur Gerechtigkeit angerechnet wurde (Gen 15,6; Röm 4,18-22).

Ein einziger Satz, Grundsatz menschlichen Lebens, Zusammenfassung des Gotteswillens, der vielerlei Weisungen und kultischen Gebote.

GEGEN DIE STADT (6,9-16)

Mögen am Buch des Propheten Micha noch so viel Spätere beteiligt sein, bei allen Worten gegen »die Stadt« hören wir seine Stimme, erfahren das tiefe Mißtrauen des Bauern gegen die andere Lebensweise, gegen Handel und Geschäftemacherei, gegen Anhäufung von Besitz und Macht.

Im folgenden, nicht ganz unversehrt erhaltenen Text ist Jerusalem angesprochen, ihre Bürger und Räte. Micha tritt wohl öffentlich auf, sie anzuklagen: erfrevelte Schätze häufen sich, mit schwindsüchtigem Maß, falsch gestellter Waage, gefälschten Gewichtsteinen betrügt man die Leute. Die Reichen sind gewalttätig, dabei redegewandt und auf eine Lüge kommt es ihnen nicht an. Darum kündet ihnen Jahwe ein handfestes Gericht an, das die Selbstsicheren, die meinen, der eigenen Tüchtigkeit und Gerissenheit trauen zu können, treffen muß: Du wirst essen und nicht satt werden; was du zur Seite schaffst, rettest du nicht; du wirst säen, aber nicht ernten; Oliven pressen und kein Öl bekommen; Wein keltern, aber nicht trinken (6,14-15). Solche Sprache versteht jeder, der gewohnt ist, wirtschaftlich zu denken und sich den Profit auszurechnen. Fällt dieser Profit dahin, wird alles Jagen und Raffen sinnlos. Mögen die angesprochenen Handelskönige sich theoretischen Argumenten verschließen; diese drastische Auswirkung der Maßnahmen Gottes gegen sie muß sie am empfindlichsten Nerv treffen.

Im abschließenden Vers 16 scheint ein anderer Kreis von Zuhörern angesprochen worden zu sein: Ihnen wird Strafe angedroht, weil sie sich an »Omris Gesetz« hielten und die Untaten des Hauses Ahab. Omri, der Vater des Ahab, herrschte von 886-875 v. Chr. in Samaria. Wir erfahren nicht, was ihnen konkret vorgeworfen wird; 1 Kön 16,25f wird Omri der »Sünde Jerobeams«, des Baalsdienstes, angeklagt.

DAS LIED DES MICHA (7,1-7)

Ein Prophet kennt sein Land, er kennt seine Zeit. Hier singt Micha seinem Volk ein Lied; ein trauriges Lied. Er zieht das Fazit dessen, was er gesehen hat; einem Bauern gleich, der beurteilt, was sein Land einbringt. Micha sucht nach Frucht, nach etwas, das bestehen kann; er findet keine Traube zum Essen, keine Frühfeige (7,1). So kann er nur den Mangel beklagen, die Mißstände direkt beim Namen nennen: Kein Treuer, kein Redlicher, alle sind voll Hinterlist, einer lauert dem anderen auf und sucht ihn zu betrügen. Vorteil allein entscheidet, alle Werte sind käuflich, ja die Reichen freuen sich noch an der Not der Ausgenützten; bestechliche Beamte, käufliche Richter. In dieser Gesellschaft ist der Beste wie ein Stechdorn, der Redlichste schlimmer als eine Dornenhecke (7,4). Eine solche Verrottung der oberen Schichten ist nicht harmlos, denn sie beschränkt sich nicht auf einen abgeschlossenen Bereich der Ämter und Gerichte. Öffentliche Bestechlichkeit vergiftet die Atmosphäre, sie dringt in die Familien ein, keiner kann sich seine heile kleine Welt bewahren, denn er kann dem anderen nicht mehr trauen:
»Traut nicht dem Nächsten,
baut nicht auf den Freund!
Vor der Frau in deinen Armen hüte deinen Mund!
Denn der Sohn verachtet den Vater,
die Tochter steht auf wider die Mutter,
die Schwiegertochter gegen die Schwiegermutter,
jeder hat die eigenen Hausgenossen zu Feinden« (7,5-6).
Der Egoismus hat gesiegt, die ganze Menschheit gerät in eine Existenzkrise, der sich keiner entziehen kann. Eine Menschheit, die sich löst vom Recht Gottes, gibt ihr Menschsein preis.

Das Lied des Micha endet nicht mit diesem Bild der auseinanderfallenden Beziehungen. Der Prophet selber steht mit seiner ganzen Existenz als Beweis dafür, daß es die andere Orientierungsmöglichkeit für menschliches Leben gibt. Von dieser Sicherheit ist sein letztes Wort geprägt:

»Doch ich schaue aus nach dem Herrn,
ich harre auf Gott, der mich rettet.
Mein Gott wird mich hören« (7,7).

VERHEISSUNGEN (7,8-20)

DIE ZUVERSICHT JERUSALEMS (7,8-10)

Das Buch des Propheten Micha endet mit drei Abschnitten, die später angefügt und so unter dem Namen des Propheten aus Moreschet überliefert wurden. Die Verse 8-10 bezeugen uns, daß die Glaubenszuversicht nie erloschen ist. Zwar ist Jerusalem zerstört (587 v. Chr.), in Trümmern liegt die Stadt am Boden, Babylons Herrscher spotten über Jahwe, den Gott, der sein Volk nicht zu schützen vermochte. Doch der unbekannte Prophet, der diese Worte schrieb, ist überzeugt, daß Jahwes Macht nicht am Ende ist. Er wird als Anwalt seiner Stadt auftreten, wird sie wieder herstellen, damit die Spötter (Babylon) die Stärke und Macht des Gottes Israels erkennen.

DAS NEUE JERUSALEM (7,11-13)

Diese Verheißung richtet sich an Jerusalem und seine Bewohner; sie ist vom nationalen Beiton geprägt. Jerusalem wird Großes verheißen. Die zerstörten Mauern der Stadt werden wieder erbaut. Ja, an »jenem Tag« wird Jerusalem zum strahlenden Mittelpunkt der Völker. Die jetzt groß und mächtig sind, Assur, Ägypten, Babylon, liegen darnieder und tragen die Strafe für ihr Tun. Doch nach Jerusalem ziehen die Wallfahrer.

JERUSALEMS GEBET (7,14-20)

Das Buch schließt mit einem psalmähnlichen Gebet. Jerusalem, der Rest des Volkes bittet Jahwe, daß er sich ihnen zuwende, sie wieder weide als sein Volk. Die Betenden versuchen, Jahwe zu überzeugen; sie erinnern ihn an die Wunder der Vergangenheit: »Wie in den Tagen, da du auszogst aus Ägypten, laß uns Großtaten schauen!« (7,15). In solcher Aufforderung an Gott, seine Macht zu demonstrieren, die Feinde in den Staub zu treten, spürt man das Wunschdenken einer geknechteten Stadt. Die Schlußverse sind ein Bekenntnis zum Gott der Liebe:

»Wer ist Gott wie du, der Schuld aufhebt
und Frevel vergibt dem Restvolk, das ihm eigen!
Nicht hält er fest an seinem Zorn auf immer;
denn er liebt es, gnädig zu sein.
Er wird sich unser wieder erbarmen,
zertreten unsere Schuld.
Du wirst ins tiefste Meer all ihre Sünden werfen.
Du wirst Jakob Treue erweisen und Abraham Huld,
wie du unseren Vätern geschworen in den Tagen der Vorzeit« (7,18-20).

Stuttgarter Kleiner Kommentar – Neues Testament in 21 Bänden

Hier finden Sie alle Bände auf einen Blick: